# 新时代中国城市群市场一体化建设及其协调发展研究

姚常成 著

中国财经出版传媒集团
经济科学出版社
Economic Science Press

# 总序

党的十八大以来，习近平总书记高度重视马克思主义政治经济学的学习、研究和运用，提出一系列新理念、新思想、新战略，在理论上不断拓展新视野、作出新概括、形成新学说。2020年8月24日，习近平总书记在经济社会领域专家座谈会上强调，“面对错综复杂的国内外经济形势，面对形形色色的经济现象，学习领会马克思主义政治经济学基本原理和方法论，有利于我们掌握科学的经济分析方法，认识经济运动过程，把握经济发展规律，提高驾驭社会主义市场经济能力，准确回答我国经济发展的理论和实践问题”。把握这一重要讲话的精神实质和深刻内涵，需要深入思考领悟习近平总书记治国理政新理念、新思想、新战略，以改革发展进程中的重大问题为导向，不断进行理论观点、学科体系和研究方法的创新与发展，不断产出体现继承性和民族性、原创性和时代性、系统性和专业性的经济研究成果，不断形成充分体现中国特色、中国风格、中国气派的中国经济学理论体系。

这就需要我们坚持从中国实际出发，坚持马克思主义的基本立场、观点和方法，吸收和借鉴人类一切优秀文明成果，坚持以人民为中心的发展思想，坚持落实新发展理念，坚持和完善社会主义基本经济制度，坚持社会主义市场经济改革和对外开放基本国策，提炼和总结我国经济发展实践的规律性成果，把实践经验上升为系统化的经济学说。以新时代为逻辑起点，开展百年未有之大变局下的重大理论和实践问题研究。系统研究当代马克思主义经济学中国化的最新成果和独创性观点；系统梳理中国特色社会主义政治经济学的思想来源、理论进程和阶段特征；系统提炼中国特色社会主义政治经济学的内涵属性、逻辑主线、方法原则、理论结构，从而不断推进马克思主义政治经济学的中国化，不断书写中国特色社会主义政治经济学的新篇章，不断开拓当代中国马克思主义政治经济学新境界。

政治经济学是西南财经大学的传统优势学科。西南财经大学政治经济学团队一直瞄准国家重大需求，着力推动重大理论创新、重大决策研究、高层次人才培养、话语传播和国际交流，着力构建具有“中国气派、西部特色、西财风格”的中国特色社会主义政治经济学理论体系和话语体系。为了大力推进当代马克思主义政治经济学的发展与创新，西南财经大学全国中国特色社会主义政治经济研究中心组织了一批政治经济学青年学者聚焦研究马克思主义政治经济学的基本理论，以及城市化、农村土地问题、产融结合、贸易摩擦和新型经济全球化等重大理论问题和重大现实问题，陆续产出了一批重要研究成果，形成“马克思主义政治经济学青年学者论丛”系列丛书，由经济科学出版社陆续出版。

**刘诗白**

庚子年九月于光华园

# 前言

回顾改革开放四十多年来中国城镇化的发展历程，从不同的历史时期来看，中国城乡的矛盾关系不断变化，这对于变革生产关系、解放和发展生产力都提出了诸多要求，集中就表现为城镇化与城市群的道路选择问题。本书通过文献梳理发现，改革开放初期，中国城镇化主要以重点发展小城镇以转移农村剩余劳动力为主线，而后，随着城乡户籍制度的不断调整，大城市成了剩余劳动力转移的主战场。在这一期间，农民从最开始的“离土不离乡”，到之后的“离土又离乡”，中国城镇化率水平不断提升。进入新时代，中国社会主要矛盾发生了新变化，“以人为本”的新型城镇化道路逐渐登上历史舞台，它不仅强调转移人口的市民化，还注重以城市群为主体来优化城镇化空间布局和形态。基于此，以城市群为主体来推进城镇化发展的道路便开始受到了越来越多的关注，从改革开放初期的经济区到逐步成型的城市群，再到政策引导下的功能多中心城市群建设，中国城市群的发展取得了诸多成就。但当下中国城市群发展依旧面临着两大现实问题：一是城市群内部各城市间行政区划壁垒与市场分割现象尚未得到根本性改变的问题；二是单中心空间结构所凸显的区域不协调发展问题。为此，国家采取了诸多措施，出台了一系列政策。其中，高铁网络的布局与经济协调会制度无疑是实现城市群经济一体化的一剂良方。虽然城市群经济一体化程度不断提高，但解决城市群内的协调发展问题同样尤为迫切。而经济区发展规划和高速铁路的建设与运营则作为有效推进城市群建设的重要手段之一，在实现城市经济快速增长的同时，也促进了城市群的协调发展。除此之外，多中心空间结构作为谋求空间均衡发展的重要政策工具和手段也显著地促进了城市群的协调发展。值得注意的是，形态多中心空间结构对于实现城市群协调发展作用效果不显著，只有知识（功能）多中心空间结构能通过借用规模行为以及空间溢出效应的差异间接实现城市群的协调发展。

# 目　录

CONTENTS

# 第1章

# 绪　论

## 1.1　研究背景及意义

### 1.1.1　研究背景

党的十九大报告指出："经过长期努力，中国特色社会主义进入了新时代，这是我国发展新的历史方位。"中国特色社会主义进入新时代的重大判断，并非是以人的主观意志为转移的，而是从物质生活矛盾出发，以社会生产力与生产关系之间的矛盾变化为科学依据[①]，是在历史唯物主义与辩证唯物主义的科学指引下作出的。社会主要矛盾的变化是判断一个社会所处阶段和历史方位是否发生变革的主要因素[②]。当下"中国社会主要矛盾已经转化为人民日益增长的美好生活需要和不平衡不充分的发展之间的矛盾"，随着社会主要矛盾的变化，标志着中国特色社会主义进入新时代。

---

① 新时代的科学依据，http://theory.people.com.cn/n1/2017/1106/c40531-29628836.html.

② 吴怀友."中国特色社会主义进入新时代"的科学依据［OL］.光明网，2018-08-03.

### 1. 新时代中国城市群发展新变化

城市群发展正由过去注重经济效率的高速增长阶段向注重发展方式、优化经济结构、平衡地区发展的高质量发展阶段转变。如图 1 – 1 所示，2000 年以后，虽然国家级城市群的 GDP 平均增速一直保持着较高的增长态势（在 10% 以上），但 2012 年以后，经济增速回落趋势明显：2013 ~ 2016 年平均增速仅为 8. 17%①。虽然经济增速有所放缓，但 2012 年以后，中国国家级城市群的经济实力却跃上了新台阶。截至 2016 年底，珠三角城市群、长三角城市群、京津冀城市群、长江中游和成渝城市群以全国 11% 的国土面积，吸引了 40% 以上的总人口，同时还集中了中国 55% 的经济总量，是中国极具发展活力的地区。其中，长三角城市群更是成为了世界级城市群。除此之外，哈长城市群、中原城市群及北部湾城市群虽然规划建设起步较晚②，但它们却逐渐成为了各自地区的重要增长极。2013 ~2016 年这三大城市群 GDP 平均增速达 6. 81% ，高于地区平均增速 6. 37%③。可以说，中国特色社会主义进入新时代以后，城市群将作为中国未来经济增长的新引擎发挥重要作用。

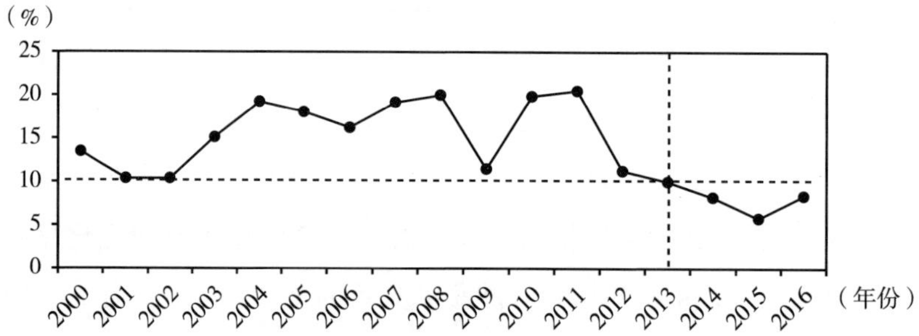


**图 1 – 1　2000 ~ 2016 年中国国家级城市群 GDP 平均增长率变化趋势**

资料来源：2001 ~2017 年《中国城市统计年鉴》。

---

① 2013 年、2014 年、2015 年、2016 年增速分别为 10. 0% 、8. 2% 、5. 8% 、8. 7% 。

② 《哈长城市群发展规划》批复时间为 2016 年 2 月；《中原城市群发展规划》批复时间为 2016 年 12 月；《北部湾城市群发展规划》批复时间为 2017 年 1 月。

③ 地区的平均增速，测算对象主要包括吉林省、黑龙江省、河南省以及广西壮族自治区。

进入新时代以后，城市群发展所面临的国际环境也发生了重要变化。以大都市为核心的城市群落逐渐演变为国家参与全球分工与合作的全新地域单元，国家与国家之间的竞争日益表现为以城市群落为代表的城市集团之间的竞争（姚士谋等，2006）。在此背景下，为了更好地推动中国在经济全球化中身份的转变：从经济全球化的参与者向人类命运共同体的建设者和推动者转变①。城市群发展规划文件相继出台，城市群对外的开放与合作，对内的产业结构优化升级均加速向前推进。以“长三角城市群发展规划”为例，2010年5月，为贯彻落实《国务院关于进一步推进长江三角洲地区改革开放和经济社会发展的指导意见》、进一步提升长江三角洲地区整体实力和国际竞争力，国务院正式批复了《长三角地区区域规划（2010—2015）》。根据《长三角地区区域规划（2010—2015）》对现代服务业体系的部署要求，上海将重点布局发展金融、航运等服务业；杭州则重点发展文化创意、电子商务、旅游休闲等服务业；南京将重点发展现代物流、文化旅游、科技等服务业。这样基于地区比较优势的产业布局调整以及城市之间的专业分工有利于提升城市群的整体竞争力水平，也有利于积极参与、对接“一带一路”倡议（宋冬林和姚常成，2018）。新时代，城市群将成为中国参与国际政治、经济和社会秩序构建的实力和资本。②

进入新时代以后，中国城市群内的人口流动趋势也出现了一些新的变化：人口由二线、三线城市向一线大城市迁移的趋势在强化③。从图1-2可以看出，相比于2012年以前，2012年以后一线城市与二线、三线城市④的人口增长率差距在扩大，说明二线、三线城市人口增长开始出现停滞，人口回流二线、三线城市的趋势并未很好的实现，相反，人口向

① 吴怀友．“中国特色社会主义进入新时代”的科学依据［OL］．光明网，2018-08-03，http://theory.gmw.cn/2018-08/03/content_30292349.htm.

② 易鹏：如何打造新时代中国城市群［OL］．新浪网，2017-12-03．http://finance.sina.com.cn/roll/2017-12-03/doc-ifyphkhk9926447.shtml.

③ 关于一线、二线、三线城市划分，本书主要参考新一线城市研究所发布的《2018中国城市商业魅力排行榜》。

④ 资料来源：http://world.people.com.cn/n1/2017/0224/c1002-29105909.html。

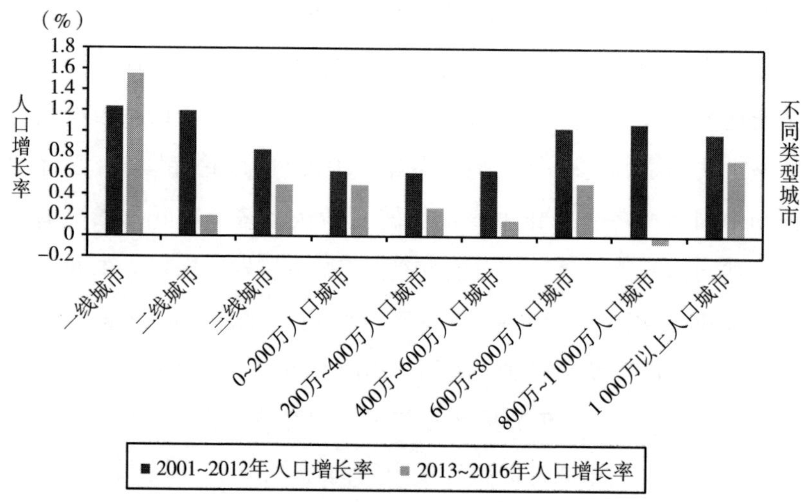


**图 1-2 2001~2016 年不同城市规模对应的人口增长率水平**

资料来源：2002~2017 年《中国城市统计年鉴》。

大城市迁移的趋势可能还在继续加强。为进一步说明人口由中小城市向大城市流动的趋势，图 1-2 中又进一步按人口规模对城市进行了划分。2012 年以前，600 万~800 万人口城市和 800 万~1 000 万人口城市的人口增长率最高；2012 年以后，800 万~1000 万人口城市增长率则为负值，800 万以下人口城市增长率也出现较大幅度的下降，仅 1 000 万以上大城市人口增速依旧维持在较高水平，说明大城市的人口集聚效应愈发凸显。这也就意味着，城市群内的大城市将成为未来的政策高地，而以大城市为中心，周边中小城市为腹地的特大都市圈将成为未来城镇化发展的主要方向。据国家统计局数据显示，截至 2019 年底，我国城镇化率已经达到了 60.60%，这就意味着有超过 7 亿人进入了城市，而且今后还将有越来越多的农村人口进入城市。大城市作为人口流入的主要区域，其环境承载能力相对有限，所以，仅以大城市为城镇化推进主体不利于区域经济的协调、可持续发展。在此背景下，党的十九大报告提出，我国将“以城市群为主体构建大中小城市和小城镇协调发展的城镇格局，加快农业转移人口市民化”。总而言之，新时代，城市群将作为中国新型城镇化建设的“主体形态”，在中国城镇化战略中具有顶层设计、全局视野和战略核心的地位。[①]

进入新时代以后，中国区域经济发展特征正由市场分割较为严重的省域经济、行政区经济向注重市场一体化的城市群经济转变（张学良，2013）。如图 1-3 所示，整体上，我国各省之间的市场分割水平大体都呈现出下降趋势，且在 2012 年以后，市场分割程度一直维持在较低水平。这与陆铭和陈钊（2006）等学者的研究结论基本一致。这里既有改革开放所带来的全国各地区对外开放水平不断提升的成效（陈敏等，2007），也有基础设施建设不断完善所带来的地区之间的物流和交易成本不断降低的成效（范欣等，2017）。

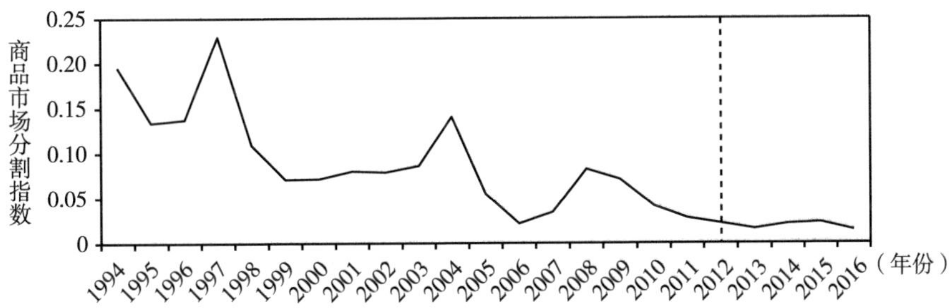


**图 1-3　1994～2016 年中国商品市场分割程度变化趋势**

资料来源：采用相对价格指数法计算得出。

除了省际层面市场分割程度不断下降以外，城市群内部的市际层面市场分割程度也在不断降低。以长三角城市群为例，从图 1-4 可以看出，长三角城市群市场分割指数的变化趋势与全国层面省际之间市场分割指数的变化趋势基本一致。但值得注意的是，2012 年以后，长三角城市群市场分割指数还出现了波动趋势。这说明长三角城市群内市场分割挑战依然存在（宋冬林和姚常成，2019）。新时代，地区市场一体化趋势日益加强，城市群经济将作为一种新的区域经济特征，发挥其在地区经济增长极中的重要作用。

① 易鹏：如何打造新时代中国城市群［OL］. 新浪网，2017-12-03. http://finance.sina.com.cn/roll/2017-12-03/doc-ifyphkhk9926447.shtml.

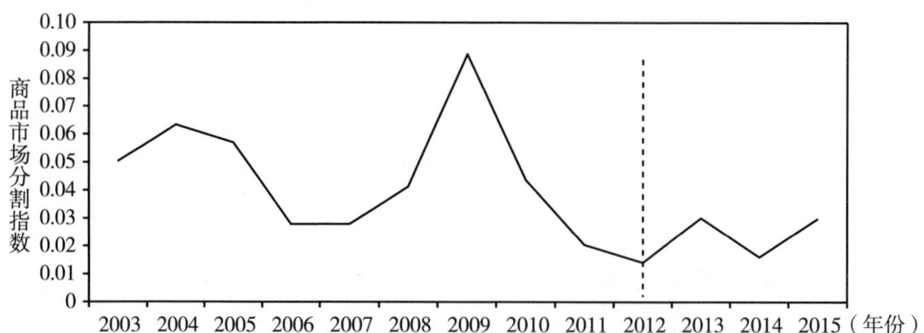


**图1－4　2003～2015年长三角城市群商品市场分割知识变化趋势**

注：参考桂琦寒等（2006）和范爱军等（2007）的做法，采用相对价格指数法对各地级市市场分割程度进行测算。考虑到地市级层面商品价格指数数据的可获得性，市场分割指数仅计算了2003～2015年。

中国城市群空间结构正由单一中心占绝对主导的单中心空间结构向多个中心协同发展的多中心空间结构转变。如图1－5所示，珠三角城市群、哈长城市群、长江中游城市群、长三角城市群及北部湾城市群的知识多中心指数都呈现出上升趋势，且在2012年以后稳定在一定高位水平。此外，倪鹏飞（2016）也强调："一个区域的城市要多中心，一个国家的城市群也要多中心，多中心城市或多中心城市群所构成的城市网络体系，应该在功能上各有侧重，它们之间应该存在着一种相互分工又互补的关系。"①

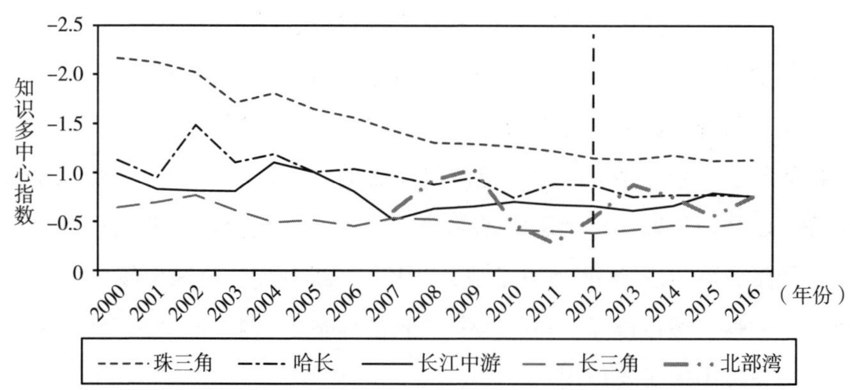


**图1－5　2000～2016年五大城市群的多中心化发展趋势**

① 倪鹏飞．"多中心"城市群是未来 中国第四增长极在哪?［EB/OL］．2016－12－23．http：//www.3news.cn/news/guonei/2016/1223/179773.html.

基于此，新时代中国城市群的多中心化趋势可以主要围绕产业分工、功能互补的思路向前推进。

### 2. 新时代中国城市群发展新挑战

新中国成立七十多年来，中国社会经济发展取得了举世瞩目的成就，不仅城市化水平不断提升，工业化进程不断深化，而且城市与城市之间的经济联系也日益增强。作为中国新型城镇化与新型工业化发展到高级阶段的必然产物（方创琳，2014），城市群对区域经济增长的引领与拉动作用已愈发凸显。虽然中国城市群发展迅猛，并已成为了中国区域经济增长的重要引擎和新的增长极，但中国城市群的发展也遇到了一些难题和挑战。这些难题和挑战一定程度上阻碍了城市群发展。

首先，中国城市群的单体城市格局明显，各个单体城市之间各自为战，相互割裂的情形并未得到根本改观，城市群经济的建设还任重道远（刘士林，2015）。当然，这主要是由于中国城市群建设起步较晚，城市群发展所应具备的相关理论知识和实践经验也十分短缺，大部分的理论成果，如费孝通的《乡土中国》等著作，其侧重点也是在围绕城镇的发展来构建自己的理论体系①。直到后来，1983 年国内学者于洪俊和宁越敏较早用“巨大都市带”的译名向国人介绍美国城市地理学家 Gottmann 关于大都市带的思想②。这时，城市群的概念才真正进入国人的视野。反观西方发达国家的城市群发展历程，其早在 1898 年埃比尼泽·霍华德（Ebenezer Howard）就提出了城镇集群的概念，这也是如今城市群的发展雏形③。历时一百多年的建设和发展，西方发达国家城市群体系已经相对较为完善。所以，中国的城市群体系，抑或是重点发展大都市圈的理念还需要进一步的发展，城际之间分工与协作还需要进一步加强，基于各自比较优势所布局的城市群产业体系也有待进一步完善（刘士林，2015）。此外，与单体城市格局相对应的市场分割现象依旧较为普遍。

① 费孝通．乡土中国［M］．北京：中华书局出版，2013.
② 于洪俊，宁越敏．城市地理概论［M］．合肥：安徽科学技术出版社，1983.
③ 埃比尼泽·霍华德．明日的田园城市［M］．北京：商务印书馆，2010.

“以邻为壑”的市场分割现象不仅在省份与省份之间存在（范欣等，2017），在城市与城市之间依旧明显（宋冬林、姚常成，2019）。这种基于行政区划壁垒而形成的行政区经济一直是中国区域经济的重要特征。行政区经济下城市各自为政的发展思路需要得到根本性的转变，以城市群经济来平衡区域经济发展的大局思维还需要进一步强化。所以说，打破城市群内的市场分割，促进单体城市经济向城市群经济转变是新时代城市群发展需要直面的挑战。

其次，中国城市群内城际间不协调发展的现象依旧较为普遍（陈玉、孙斌栋，2017），城市群的协调发展依旧任重道远。这就需要我们结合当下中国特色社会主义新时代特征，系统梳理城市群协调发展的微观机理，借此来破解城市群发展难题，为实现区域协调发展战略提供相关经验指导和理论支撑。值得注意的是，新时代所强调的“协调发展问题”，不仅希望通过城市群建设来有效打破行政区划藩篱，提高区域内产业集聚与关联度，促进不同层级城市间的功能互补，切实提升区域综合实力和竞争优势，而且还希望在城市群内部能够进一步保障不同级别城市之间实现基本公共服务均等化，解决城市发展面临的“不平衡”问题（易鹏，2017）。基于此，实施区域协调发展战略，便是党中央在新时代针对区域协调发展新特征，面对区域发展不平衡的新挑战作出的重大战略部署。而“以城市群为主体构建大中小城市和小城镇协调发展的城镇格局”，则是实施区域协调发展战略的具体实施路径和根本要求。所以说，平衡大中小城市的利益分配关系，缩小城市群内的经济发展差距，促进多中心城市群的协调发展是新时代城市群发展应有之义。

总而言之，进一步构建良好的城市分工体系，解决大中小城市和小城镇的对立与冲突，打破城市群内的市场分割现象，实现省域经济、行政区经济向城市群经济的顺利转型，实现城市群地区的协调发展是新时代中国城市群建设所面临的重大现实问题。基于此，本书以问题为导向，着力研究高铁运营、经济协调会合作制度对城市群市场一体化的促进作用，区域发展规划、高铁的建设与运营以及多中心空间结构对城市群协调发展的影响。

### 1.1.2 研究意义

#### 1. 理论意义

中国城市群的发展受政府的宏观调控政策影响较大，但关于区域导向政策对城市群市场一体化建设及其协调发展的影响研究却鲜有涉及。本书梳理了改革开放以来，政府出台的城市群规划等相关政策，同时结合高铁网络建设、经济协调会合作制度等对城市群市场一体化建设及其协调发展的影响进行了深入分析，试图丰富政府引导城市群发展的相关理论。此外，目前关于城市群空间结构，尤其是城市群功能（知识）多中心空间结构的相关研究还较为欠缺，不利于对建设城市群功能（知识）多中心空间结构达成共识，也不利于解决单中心城市群导致的两极分化问题。本书尝试从形态多中心和功能（知识）多中心的视角出发，探析它们对城市群协调发展的影响，试图丰富城市群空间结构的相关理论。最后，关于城市群一体化建设及其协调发展的相关研究仍以定性研究为主，相关的定量分析有待进一步加强。而本书正是通过定性研究与定量研究相结合的方法，系统论述了城市群市场一体化建设及其协调发展的内在机理，进一步丰富了相关实证经验。

#### 2. 现实意义

党的十九大报告指出，“中国特色社会主义进入新时代，我国社会主要矛盾已经转化为人民日益增长的美好生活需要和不平衡不充分的发展之间的矛盾”。解决区域发展不平衡、不充分的关键之一就在于坚定不移地实施区域协调发展战略，而实施区域协调发展战略，除了要“强化举措推进西部大开发形成新格局，深化改革加快东北等老工业基地振兴，发挥优势推动中部地区崛起，创新引领率先实现东部地区优化发展，建立更加有效的区域协调发展新机制”①，即注重地区之间的平衡发展与充

① 摘自《决胜全面建成小康社会 夺取新时代中国特色社会主义伟大胜利——在中国共产党第十九次全国代表大会上的报告》。

分发展；还需要“以城市群为主体构建大中小城市和小城镇协调发展的城镇格局”，即推动城市群内部各城市之间的协调发展。城市群不仅在中部崛起、西部大开发、东部率先发展、东北老工业基地振兴中扮演着经济增长极的重要支撑作用，在构建大中小城市和小城镇协调发展的城镇格局中也被作为推进主体。所以，城市群一方面要积极打破域内“以邻为壑”的现象，发挥经济增长极的“提效”作用外；另一方面还需要注重城市群内部各城市之间的公平增长，最终实现城市群的协调发展，为早日破除不平衡不充分的发展矛盾做出贡献。而本书的现实意义就在于能有效指导各大国家级城市群的市场一体化建设以及区域协调发展的实践。

## 1.2 研究对象及相关概念界定

### 1.2.1 研究对象和范围的确定

本书主要研究对象为中国国家级城市群，关于中国国家级城市群的界定，刘士林（2015）根据《中央关于制定“十一五”规划的建议》和《国家新型城镇化规划》中的提法，将国家级城市群限定为：长江三角洲城市群、京津冀城市群、珠江三角洲城市群、长江中游城市群和成渝城市群。同样是国家文件，但若考量国务院批复的相关城市群发展规划，截至2017年底，还有哈长城市群、中原城市群和广西北部湾城市群。所以，当下中国国家级城市群数量为八个，包括长江三角洲城市群、京津冀城市群、珠江三角洲城市群、长江中游城市群、广西北部湾城市群、成渝城市群、中原城市群和哈长城市群。

根据各大国家级城市群发展规划文件的范围界定：长三角城市群规划范围包括上海市和南京市等26个城市，2016年末总人口1.5亿人，占地面积21.17万平方公里，2016年末地区生产总值14.86万亿元。珠江三角洲城市群包括广州市和深圳市等14个城市，2016年末总人口约

0.51亿人，2016年末地区生产总值7.29万亿元。京津冀城市群包括北京市、天津市和石家庄市等13个城市，2016年末总人口约1.06亿人，2016年末地区生产总值7.86万亿元。长江中游城市群规划范围包括武汉市和黄冈市等28个城市，2016年末总人口约1.29亿人，占地面积约31.7万平方公里，2016年末地区生产总值7.08万亿元。成渝城市群的规划范围包括成都市和重庆市等16个城市，总面积18.5万平方公里，2016年末总人口约1.09亿人，2016年末地区生产总值4.84万亿元。北部湾城市群规划范围包括南宁市、钦州市和海口市等10个城市，2016年末总人口约0.4亿人，占地面积11.66万平方公里，2016年末地区生产总值1.66万亿元。中原城市群则包括郑州市和安阳市等29个城市。2016年末总人口约1.79亿人，2016年末地区生产总值5.84万亿元。哈长城市群规划范围包括长春市和哈尔滨市等10个城市，2016年末总人口约0.45亿人，占地面积约5.11万平方公里，2016年末地区生产总值2.48万亿元①。

最后，关于城市群市场一体化及其协调发展的研究，本书主要是聚焦城市群内部大中小城市的市场分割及其经济发展差距（一方面研究高铁网络建设和经济协调会合作机制对于城市群市场一体化的影响；另一方面则研究经济区发展规划、借用规模与多中心空间结构促进城市群协调发展的作用机理）。而各大城市群之间的市场一体化建设和协调发展暂未被纳入本书的研究范畴。

### 1.2.2 城市群的相关概念界定

从城市群的起源流变来看，城市群是随着城市规模的不断扩大，从大都市圈演化而来的。1957年戈特曼（Gottman）就用Megalopolis来描

① 中国八大国家级城市群范围解释来源于《城市群发展规划》文件。其中少量城市群数量与原规划文件数量不一致，如长江中游城市群规划文件中提及了31个城市，考虑到数据的可获取性，本文仅选取了28个城市为研究对象。而北部湾城市群规划文件中提及了14个城市（包括县级市），考虑到数据的可获取性，本文仅选取了10个城市为研究对象。

述这些规模不断扩大的大城市及大城市群落[1]。所以说，Megalopolis 既是传统大都市概念的一种延展，同时也是大城市发展到一定阶段以后的新型空间组织模式（刘士林，2012）。这种新型空间组织模式不再是彼此孤立的单体城市体系，而是一个相互连接的“你中有我，我中有你”的城市利益共同体。

中国城市群建设起步较晚，国内学者于洪俊、宁越敏（1983）较早用“巨大都市带”的译名向国人介绍美国城市地理学家戈特曼关于大都市带的观点，在国内学术界掀起了一股城市群研究热潮[2]。不同于国外大都市带的发展，中国是一个农业人口大国，城乡二元结构特征明显，在不断推进城镇化的过程中，城镇集聚地区增多，城镇与城镇之间的区位条件也随之发生变化。基于此，严重敏（1985）较早提出了“城镇体系”的概念，即指一定地域范围内的城镇系统，并由一组相互关联和具有一定功能的若干个规模不同的城镇组成。

中国关于城市群正式的概念表述始于姚士谋等一批城市地理学家。姚士谋（2006）在其出版的《中国的城市群》中将城市群界定为一定空间范围内，彼此分离的城市依托各类不同等级的交通网络相互连接，从而形成一个相互依存的有机体。而方创琳（2014）则将城市群概括为在特定地域范围内，以 1 个及以上特大城市为中心，3 个及以上中小型城市为外围发展的空间单元。它们依托发达的交通、通信等基础设施网络，组成经济上紧密联系、空间上紧密聚集的高度一体化城市群体。虽然学者们对于城市群概念表述有所差异，但大体上对于城市群的认识趋于一致。本书对城市群概念的界定：城市群是由很多彼此紧密联系的城市所组成的、共同对区域发展产生影响的新型空间地理单元。其在本质上是城市化与工业化发展到一定阶段的历史产物。

---

① GOTTMANN J. Megalopolis or the urbanization of the Northeastern seaboard [J]. Economic Geography, 1957, 33: 189 -200.

② 于洪俊，宁越敏. 城市地理概论 [M]. 合肥：安徽科学技术出版社，1983.

### 1.2.3 单中心城市群与多中心城市群

关于城市群空间结构的确定，主要包括多中心和单中心两个维度。但不论是单中心还是多中心，这一空间结构都是尺度依赖的概念。不同尺度的选择，导致的空间结构可能会存在显著差异。目前，关于多中心或单中心结构的研究大多是从城市层面出发。但本书选取的研究对象是城市群，故尺度选择上就是从城市群层面来考察其多中心或单中心空间结构。结合关于多中心或单中心城市的定义，本书将单中心或多中心城市群界定为：单中心城市群是指由一个或两个中心城市占绝对主导的城市群空间结构，其他周边城市处于从属地位；而多中心城市群则是由两个以上中心城市为核心，以周边城市为腹地的城市群体系，中心城市与腹地城市之间通过紧密的经济联系形成了一个城市利益共同体。单中心城市群体系中除了中心城市的影响力较大以外，其他周边城市的影响力微乎其微，地区经济增长主要由于中心城市的拉动；而多中心城市群体系中，一方面，多个中心城市可以通过扩散效应带动更多的腹地城市发展；另一方面，中心城市和腹地城市还可共同发挥作用，促进整个地区的经济增长。

### 1.2.4 形态多中心与功能（知识）多中心城市群

霍尔（Hall，2009）将多中心空间结构分为形态多中心与功能多中心，其中形态多中心是指区域内依据人口分布状况或不同等级城镇的分布状况来解释的城市群空间结构，它主要强调各中心城市的绝对重要性，即人口、就业或是经济表现在城市群内处于核心地位①；而功能多中心则是基于功能联系的需要而在地理上发生连接，进而形成多中心城市网

① 彼得·霍尔．多中心大都市：西欧巨型城市区透视［J］．钱雯，译．城市与区域规划研究，2009（3）：1－17．

络的过程（Finka and Kluvankova，2015；Ortega et al.，2015）。关于功能多中心空间结构的研究视角相对较多，既有研究主要利用交通流（Liu et al.，2015）、商业流（霍尔，2009）和信息流（Li and Phelps，2016）等数据来反映。因为这些数据不仅能测度城际之间的联系强度，还能反映出中心城市的相对重要性。但伯格和梅耶斯（Burger and Meijers，2012）也指出，由于这些数据一般难以获取，所以目前对于功能多中心城市结构的研究相对较为缺乏。以交通流或是商业流的数据为例，在我国，不论是火车、汽车还是飞机，其动态的客运量信息一般都不对外公开，而企业商业活动等信息则更是属于私密范畴。所以，基于知识合作的信息流数据则成为了目前衡量我国功能多中心空间结构的主要突破口，而且，这一数据的有效性也获得了学者们的普遍认可（Li and Phelps，2017）。基于此，本书所研究的功能多中心是从城际间知识信息流交换维度出发的知识多中心空间结构。

## 1.3　研究内容概要

第 1 章是绪论部分。本章节主要包括文章的研究背景及选题意义，还包括文章的研究对象及相关概念的界定、研究内容等。其中，研究背景主要论述了新时代中国城市群发展所产生的新变化与面临的新挑战。而研究对象主要聚焦于国家级城市群，并对城市群和多中心空间结构等概念进行了界定和说明。

第 2 章是国内外城市群发展道路的历史演进。本章节一方面聚焦于国外城市群道路的历史演进，以期为国内城市群道路的向前推进提供路径参考；另一方面则回顾了改革开放四十多年来中国城市群的发展历程。在不同的历史时期，中国城乡的矛盾关系不断变化，这对于变革生产关系、解放和发展生产力都提出了诸多新的要求，集中表现为城镇化与城市群的道路选择问题。通过梳理发现，改革开放初期，中国城镇化主要以重点发展小城镇以转移农村剩余劳动力为主线，同时随着对外开放程度的逐步深化，以东部沿海地区优先发展的不平衡发展格局逐步凸显。进入到新时代，中国社会主要矛盾发生了新变化，“以人为本”的新型城镇化道路逐渐登上历史舞台，它不仅强调转移人口的市民化，还注重以城市群为主体来优化城镇化空间布局和形态。基于此，城市群的发展道路也开始受到了越来越多的关注，从改革开放初期的经济区到逐步成型的城市群，再到政策引导下的功能多中心城市群建设。中国城市群的发展正走上一条极具中国特色的道路。尽管如此，当下中国城市群发展依旧面临着两大现实问题：一是城市群内部各城市间行政区划壁垒与市场分割现象尚未得到根本性改变的问题；二是单中心空间结构所凸显的区域不协调发展问题。

第 3 章是高铁运营、经济协调会制度与城市群市场一体化。具有时空压缩效应的高铁运营是否促进了城市群内的市场一体化？城市群经济协调会合作机制又是否打破了城市群内的市场分割？目前尚缺乏经验证据。本章节以长三角城市群 34 个地级市为例，利用 2003 ~ 2015 年的面板数据，采用空间面板杜宾模型（SDM）实证分析了高铁运营与经济协调会合作机制对于打破城市群内市场分割的影响。研究结果表明：（1）长三角城市群内地市间“以邻为壑”的现象依旧存在，但高铁的运营与经济协调会显著降低了该地区市场分割水平；（2）高铁运营产生的时空压缩效应，使城市群内市场一体化的影响范围不断扩大，并将边界延伸至 2 小时交通圈；（3）高铁运营对于其他城市市场分割的影响效果均大于对本地区市场分割的影响，而城市群内的经济协调会合作机制仅在相邻地市间发挥作用，对于非邻近地区的空间溢出效应相对有限。

第 4 章是经济区发展规划与城市群协调发展。经济区发展规划作为有效推进城市群建设的重要手段之一，在实现城市经济增长的同时，是否促进了城市群的协调发展，目前尚缺乏经验证据。本章节利用 2005 ~ 2014 年 269 个地级市基础数据，采用 PSM – DID 方法探讨经济区发展规划与区域协调发展之间的关系及其作用机理。研究结果表明：经济区发展规划有利于国家级城市群的协调发展，但中原城市群的政策效果发挥仍需时日；从其作用机理来看，经济区发展规划使得国内城市群中物质资本存量多、政府干预程度低、外商直接投资少的地区获益更多，但不同城市群的表现各异。基于此，政府应在城市群内加强各城市间基础设施接驳，制定针对性的政策，建立城市群内各城市间的协调机制，努力实现城市群的协调发展。

第5章是高铁建设与运营对城市群协调发展的影响研究。正如第3章研究所示，高铁运营可以有效打破城际之间的市场分割，所以城市群一体化建设总会与高铁建设、运营为伴。但高铁项目作为一项新兴的交通基础设施投资，其建设与运营是否会对城市群区域的经济趋同产生影响，目前尚缺乏经验证据。本章节利用2000～2014年273个地级市基础数据，采用PSM－DID方法，从高铁建设和运营的视角分析了其对区域经济增长及其经济趋同的影响。结果显示：城市间经济增长存在条件β收敛，其中通达性的改善就有利于地区经济趋同，缩小区域发展差距；从间接传导途径来看，高铁运营更有利于吸引外商投资和就业规模的扩大，但在加大物质资本投资和集聚人力资本方面弱于高铁建设。本章节揭示了高铁建设与运营直接和间接地影响了就业规模、物质资本投资和地区经济增长等，重塑了中国的经济空间，形成了以城市群落为代表的区域经济新格局。这也将为各城市群地区进一步借助高铁项目拓宽区域发展空间，兼顾效率和公平，推进区域经济协调发展，因地制宜地制定相关政策提供参考依据。

第6章是多中心空间结构与城市群协调发展研究。多中心空间结构作为谋求空间均衡发展的重要政策工具和手段，其是否促进了区域协调发展，目前尚有争论。首先，本章节通过分别采用城市人口数据以及Web of Science核心数据库中的知识信息流数据测度了八大国家级城市群2000～2016年形态多中心和知识多中心程度变化。其次，利用我国八大城市群143个地级以上城市面板数据和考虑双重差分的空间计量模型实证检验了形态及知识多中心空间结构对城市群协调发展的影响。结论显示：虽然形态多中心空间结构对于实现城市群协调发展作用效果不显著，但知识多中心空间结构却能通过借用规模行为以及空间溢出效应的差异间接实现城市群的协调发展。

第 7 章是国外城市群协调发展的经验借鉴，本章节对欧美地区以及亚洲地区城市群发展的经典案例进行了分析，试图结合中国的城市群发展实践，吸收国外典型城市群的发展经验，为中国未来城市群的发展提供经验参考。

第 8 章是本书的主要结论及政策建议。

# 第2章

# 国内外城市群发展道路的历史演进

## 2.1 国外城市群发展道路的历史演进

城市群是城镇化和工业化发展到一定阶段的产物。19世纪的英国工业革命结束了工厂手工业的生产方式，取而代之的是机器化的大生产，较早开启了城市化的发展进程。工业革命的到来使工厂的生产规模不断扩大，生产效率不断提高，工厂企业为寻求协作利益和增强竞争力，出现了向城市中心集聚的倾向。工业革命的到来还使得因圈地运动而失业的农民重新获得了进城再就业的机会，农民工大量涌向城市，城市化水平不断提高，城市规模不断扩大。以英国为例，在工业革命以前，社会人口流动呈现出一种向下的趋势，即英国富裕阶层的子女一般会流向社会底层去寻找工作，而贫困阶层的子女存活率都较低，大多都徘徊在生计的边缘。但随着工业革命的兴起，农村剩余劳动力开始向城市转移，劳动力的就业结构也从农业开始转向工业，贫困阶层人民的生活水平有了较大改善，生育率明显提高，社会人口流动开始呈现出一种向上趋势的流动。某些地理条件优越，自然资源丰富的地区，如英国的曼彻斯特、伯明翰，德国的鲁尔地区，北美的五大湖沿岸，都在工业革命中形成城市密集地区，最初的城市群雏形得以形成。

### 2.1.1 城镇集群的发展

英国城市学家埃比尼泽·霍华德（Ebenezer Howard，1898）最早提出了城镇集群的概念，这也是城市群思想的雏形。埃比尼泽·霍华德主张通过将乡村视作城镇集群的一部分，将城市和乡村的比较优势有机融合起来，以形成一个新的生态政策单元，这种城镇集聚既能克服城市空间的限制，解决大城市过分拥挤问题，又能防止大城市的无序扩展和蔓延。而俄罗斯地理学家（Peter Kropotkin，1912）在其著作《田野、工厂和车间》（*Fields*，*Factories and Workshops*）中也描述了这样一个事实，电气化的快速交通与通信手段出现使大城市周边的乡村社区也能享受过去被大城市所垄断的各种信息与便利，进一步为城市向分散的乡村发展奠定了基础①。但刘易斯·福芒德（Lewis Mumford，1961）则指出当郊区只是城市方便的附属物时，郊区只能是解决城市过分拥挤和过分扩大的一种暂时性解决办法，而且这种办法代价昂贵。霍华德也承认缓解大城市病的关键不是靠大城市的郊外居住区，而是应该把城市所有功能疏解开，发展花园城市。在20世纪以后，美国出现了大城市人口向郊区迁移的逆城市化现象，大都市圈的发展也开始出现由中心集聚向分散化蔓延的转变。针对大城市发展存在的扩展蔓延特点，格迪斯（Geddes，1915）提出了集合城市的概念。他发现在工业化迅速推进背景下，人口正在朝着煤、铁矿和铁路沿线聚集，衍生出了一种扩散化的形成物，即集合城市②。

---

① Kropotokin P. Fields，Factories and Workshops［M］. London：T. Nelson，1912.

② Geddes P. Cities in evolution：An introduction to the town - planning movement and the study of cities［M］. London，UK：Williams and Norgate. 1915.

### 2.1.2 都市连绵区的发展

不同于格迪斯提出的集合城市的概念，法国地理学家戈特曼（1957）在其《城市群：美国城市化的东北部海岸》论文中提出的都市连绵区（megalopolis）概念则恰恰代表一种与集合城市相反的发展趋势，即由扩散演变为集聚①。后续学者在研究城市集群的内涵时大多沿用都市连绵区的概念。戈特曼对城市群的研究始于1942年，他在从纽约到华盛顿的第一次旅行中发现，从波士顿到华盛顿一带，大城市沿着海岸线高度密集，很明显这一连串的大城市通过集聚作用融合在一起，而每一个大城市都会围绕着一个特大中心城市而展开，这种大范围的连绵区特征就叫作大都市连绵区。据不完全统计，1950年美国东北部海岸大都市连绵区内每个大都市区的人口规模都在100万人以上，而且与其相邻的小城市人口也都在20万~80万人，该区域内总人口一度达到3 000万人，是名副其实的特大都市群。1976年，戈特曼随后又在《全球大都市带体系》中开创性地划分出了世界6大都市带体系：即北美五大湖城市群（包括匹兹堡、底特律和芝加哥等城市地区），日本太平洋沿岸城市群（包括东京、大阪、横滨、名古屋和神户等城市地区）、美国东北部城市群（包括纽约、华盛顿、费城和波士顿等城市地区）、西北欧城市群（包括法国鲁尔地区、荷兰的阿姆斯特丹等城市地区）、英格兰城市群（包括伦敦、伯明翰、利物浦和曼彻斯特等城市地区）以及上海都市圈（刘士林，2012）。

### 2.1.3 城乡混合区的发展

与戈特曼提出的大都市连绵区不同，加拿大地理学家麦基（Mcgee，

① Gottmann J. Megalopolis or the urbanization of the Northeastern seaboard [J]. Economic Geography, 1957, 33, 189-200.

1987）提出的城乡混合区（desakota）概念，则指在特大型城市周边形成的，由城乡之间相互作用而产生的过渡带。与发达国家大都市连绵区发展背景不同，亚洲等发展中国家和地区农业相对发达，农业人口规模庞大，在城市化过程中会形成一条介乎于城市与乡村之间的灰色地带。该地区不同于发达国家大都市带的中间区域，环境优美适宜居住，在灰色地带往往由于政府管制不严，农业和非农业等土地利用方式的交错布局，造就了该地区混杂的地区特征。麦基用交通线将在该地区中占有领导地位的主要都市、主要都市之间的都市边缘区、城乡之间拥有混杂特征的城乡混合区，以及人口稠密的乡村地区和人口零星分布的边缘地区描绘成了发展中国家所特有的巨型都市区（mega-region）。

### 2.1.4 多中心巨型都市区的发展

21 世纪以来，世界范围内掀起了一股全球化浪潮，地区与地区之间的分工和合作变得日趋紧密。霍尔和佩因（Hall and Pain，2006）描述并分析了进入 21 世纪以后的一种新的城市现象：一批中小城市在全球范围内围绕一个或多个特大型城市发展，虽然在物质空间上表现出分散特征，但在劳动力空间分配上却密集地网络化，霍尔称其为网络化的多中心巨型城市区域（polycentric mega-city region）。不同于以往的城市群，巨型城市区域在功能和空间上都是一种多中心的城市形态，通过劳动力在空间上和功能上的合理配置形成一个个具有不同功能的功能性城市体，再由现代化的交通运输方式将这些功能性城市体有机结合起来形成一个巨型城市带。

## 2.2 国内城市群发展道路的历史演进

改革开放四十多年来，中国社会经济发展取得了举世瞩目的成就，城乡面貌随之也发生了翻天覆地的变化。中国城镇化率由 1978 年的 17.9%提高到了 2019 年的 60.6%，年平均增速达到 1.04%。2019 年城镇常住人口达到 8.48 亿人，较 1978 年新增 6.76 亿人。不仅城镇化水平不断提升，城市群作为中国新型城镇化的主体形态，其对区域经济增长的引领带动作用也愈发凸显。据不完全统计，截至 2016 年底，中国五大城市群（珠三角地区、长三角地区、京津冀地区、长江中游城市群、成渝城市群）总面积占全国的 11%，但却集中了全国 55%的经济总量和 40%的总人口，是中国经济发展最具活力的地区。总而言之，改革开放四十多年来所取得的成就可集中体现在中国城市的飞跃式发展上。虽然在改革开放的不同历史时期，由于面临不同的城乡矛盾问题，中国在城镇化的道路选择上会有所差异，城市群发展道路也迥异于西方，但一路走来，随着改革开放的逐步深化，经济基础与上层建筑也处于不断调整变化之中，而城镇化与城市群道路的选择问题也体现出了变革生产关系，解放和发展生产力的要求，是一条中国特色社会主义城市发展之路。

### 2.2.1 改革开放四十多年来中国特色城镇化发展道路

1978 年 12 月党的十一届三中全会拉开了对内改革、对外开放政策的序幕。回顾改革开放四十多年来中国城市发展所取得的成就：2019 年，中国有 17 个城市的 GDP 总量超过万亿元。未来这些中心城市对中国经济的拉动作用还将愈加凸显。城市发展所取得的这些成就离不开改革开放政策的引领，同时也离不开每一次正确的道路抉择。

#### 1. 以小城镇为核心的城镇化发展道路

对内改革主要从农村经济体制改革出发。“家庭联产承包责任制”作为农村经济体制改革的第一步，突破了“一大二公”“大锅饭”的旧体制，将包产到户、到组和包干到户、到组等都视同为社会主义集体经济的生产责任制[①]。"家庭联产承包责任制"也充分体现了劳动力与生产资料相结合的发展要求，本质上是社会主义农村公有制的表现形式。它的实施解放和发展了农村生产力，农村地区劳动生产率水平稳步提升。

以"家庭联产承包责任制"为代表的一系列农村经济体制改革措施，使中国亿万农民逐步突破了计划经济体制的束缚，实现了以"苏南模式"为代表的乡镇企业的"异军突起"，到1987年，乡镇企业中第二、第三产业产值合计增加到了4 854亿元[②]，甚至超过了农业总产值。得益于乡镇企业的发展，农村剩余劳动力在城镇地区完成了非农就业，城镇化率得以快速提升，从1978年的17.9%提高到了1987年的25.3%，年均增长0.8个百分点。

为了进一步鼓励乡镇企业的发展，同时吸收农村地区剩余劳动力向小城镇转移。1979年9月，中共中央通过了《关于加快农业发展问题的决定》，提出要有计划地发展小城镇。此后，建制镇大量增加，由1978年的2 173个增加到了2013年的20 113个，24年中增加了近18 000个建制镇，增长了约8.2倍。[③]

改革开放初期，城乡发展面临着诸多困境：人均耕地面积少，农村劳动生产率低下，城市工业化发展水平落后，城乡二元结构问题突出等。这些矛盾问题通过选择合适的城镇化道路都可以得到有效化解。如果说城镇化道路上的"家庭联产承包责任制"为农民摆脱计划经济体制束缚扫清了制度障碍，激发了农民的生产积极性，提高了农村劳动生产率水平；而城镇化道路上鼓励发展乡镇企业则为解决农村剩余劳动力的转移问题提供了现行方案，为城市工业化进程提供了劳动力

---

① 党的十三届八中全会通过了《中共中央关于进一步加强农业和农村工作的决定》，充分肯定了"家庭联产承包责任制"的积极作用。

② 资料来源：https：//baike. baidu. com/item/乡镇企业/676889？fr = aladdin，其他未说明数据均来自统计年鉴。

③ 数据摘自《国家新型城镇化规划（2014 – 2020年）》，http：//ghs. ndrc. gov. cn/zttp/xxczhjs/ghzc/201605/t20160505_800839. html。

支持和技术支撑；那么建制镇数量的急剧增加则是前两者共同作用的结果，也标志着中国城镇化走上了以小城镇为核心的发展道路（王海英、梁波，2014）。

**2. 以沿海地区优先发展为特征的城镇化发展道路**

对外开放主要从东部沿海地区率先试点。1979 年 7 月 15 日，中共中央、国务院批转了广东和福建两省《关于对外经济活动实行特殊政策和灵活措施的两个报告》，标志着以广东省、福建省等为代表的东部沿海地区率先敞开大门参与国际分工与合作。特殊的优惠政策、灵活的制度措施再加上地区本身特有的区位优势，东部沿海地区很快便在经济发展中占据鳌头，与内陆地区的经济发展差距逐渐拉大。

为了鼓励东部地区率先发展，同时向东部地区转移农村剩余劳动力。国务院及相关部委自 1984 年起逐步放开户籍制度，农村转移劳动力从过去的离土不离乡，到离土又离乡，发展到最后的跨区流动（中西部地区人口向东部沿海地区大量涌入）。自此，地区发展的不平衡性逐渐向城镇化渗入。地区发展不平衡性除了表现在经济发展水平上，各地区的城镇化发展差距也日益凸显。北京市、上海市、广东省、江苏省等东部沿海省份成为了人口流入的活跃区，城镇化率一度达到了 2017 年的 86.5%、87.9%[①]、69.8% 和 68.8%。但就全国平均水平而言，截至 2017 年底中国城镇化率仅为 58.5%。这主要是由于中西部地区城镇化水平相对较低，如中部地区的河南、安徽，它们的城镇化率仅达到 2017 年的 50.2% 和 53.5%；而西部地区的西藏自治区、云南省则更是低于 50%。从表 2－1 中还可以看出，1978 年，除了北京、天津、上海和东北地区城镇化水平较高以外，其他地区的城镇化差距相对较小，表现为均衡的发展格局。

① 上海尚未公布 2017 年的数据，暂用 2016 年的数据。

表 2－1　1978 年与 2017 年中国各省（市、区）城镇化率情况分布　单位：%

| 地区 | 省（市） | 1978 年 | 2017 年 | 地区 | 省（市） | 1978 年 | 2017 年 |
|---|---|---|---|---|---|---|---|
| 东部地区 | 北京 | 54.9 | 86.5 | 西部地区 | 新疆 | 26.1 | 49.4 |
| | 天津 | 49.5 | 82.9 | | 西藏 | 11.3 | 30.9 |
| | 河北 | <u>11.5</u> | 55.0 | | 云南 | 12.2 | 46.7 |
| | 山东 | 8.7 | 60.6 | | 广西 | 10.6 | 49.2 |
| | 江苏 | 13.4 | 68.8 | | 贵州 | 12.1 | 46.0 |
| | 上海 | 41.2 | 87.9 | | 青海 | 18.6 | 53.1 |
| | 浙江 | <u>12.1</u> | 68.0 | | 宁夏 | 17.2 | 57.9 |
| | 福建 | <u>14.3</u> | 64.8 | | 内蒙古 | 21.8 | 62.0 |
| | 广东 | 16.3 | 69.8 | | 四川 | <u>11.4</u> | 50.8 |
| | 海南 | 8.2 | 58.0 | | 陕西 | <u>15.2</u> | 56.8 |
| 中部 | 山西 | 19.2 | 57.3 | | 重庆 | / | 64.1 |
| | 河南 | 13.6 | 50.2 | | 甘肃 | 14.4 | 46.4 |
| | 湖南 | 11.5 | 54.6 | 东北 | 黑龙江 | 35.9 | 59.4 |
| | 湖北 | 15.1 | 59.3 | | 吉林省 | 36.0 | 56.6 |
| | 江西 | 16.7 | 54.6 | | 辽宁 | 31.7 | 67.5 |
| | 安徽 | 12.6 | 53.5 | 全国 | | 17.9 | 58.5 |

注：下划线数字表示未找到 1978 年的数据，暂用 1979 年的数据。
资料来源：中国统计年鉴以及各省份统计公报。

### 3. 新时代“以人为本”的新型城镇化发展道路

改革开放以来，虽然中国城镇化率水平不断提升，但过去只强调农村剩余劳动力转移的粗放式城镇化发展方式也带来了房价过快上涨、土地资源过度消耗、环境污染严重等一系列问题。走一条“以人为本、四化同步、优化布局、生态文明、文化传承”① 的中国特色新型城镇化道路意义非凡。

新型城镇化的核心就是要“以人为本”。如果说在此之前，转移农村剩余劳动力是以小城镇为核心的城镇化发展道路的主要任务和发展

① 2014 年《国务院政府工作报告》提出推进以人为核心的新型城镇化道路。

目标，那当下，如何实现转移人口的市民化身份转化则成为了新型城镇化的主攻方向。不同于传统城镇化的“造城运动”——建制镇数量急剧增加，土地城镇化快于人的城镇化等，新型城镇化之“新”，就是要将工作重心转移到进城人口权益的市民化上来。新型城镇化的建设不仅涵盖过去所强调的常住人口城镇化率，还将户籍人口的城镇化率也纳入考量，除此之外，基本公共服务水平（养老保险、医疗保险、保障性住房、农民工及子女教育等）、基础设施建设（社区综合服务、公共交通、供水、互联网等）、资源与环境保护等（人均城市建设用地、可再生能源比重、绿地率等）也作为衡量新型城镇化发展质量的核心指标。

### 2.2.2 新时代以城市群为主体形态的新型城镇化发展道路

党的十九大报告指出：“我国社会主要矛盾已经转化为人民日益增长的美好生活需要和不平衡不充分的发展之间的矛盾。”实施区域协调发展战略就需要在追求效率的同时，更加注重发展的质量和发展的平衡性。基于此，新型城镇化的另一发展目标，即是要优化城镇化空间布局和形态，改变过去发展不平衡的城镇化格局，促进地区与地区之间，各类城市之间的协调发展。以城市群为主体形态的新型城镇化之路随即登上历史舞台。

改革开放40多年来，随着中国工业化、城市化进程的不断深化，地区与地区之间的竞争逐渐转变为以城市群落为代表的城市集团之间的竞争，以大城市为核心的城市群落开始作为全新地域单元登上历史舞台（姚士谋等，2006）。中国经济也在由行政区经济向城市群经济转变（张学良，2013）。城市群建设不仅在经济发展中占据着重要一席，在区域协调发展战略中也被寄予厚望。2017 年 10 月 18 日，党的十九大报告指出，实施区域协调发展战略是解决当下发展不平衡不充分问题的必然选择，而以城市群为主体构建大中小城市和小城镇协调发展的城镇格局则是进一步落实区域协调发展战略，实现各区域之间及区域内部协调发展的重要途径。

**1. 中部地区城市群是“中部地区崛起”新的支撑带**

2007 年 12 月，经国务院审议通过，武汉都市圈和长株潭城市群被正式确定为全国资源节约型和环境友好型社会建设综合配套改革试验区。作为中国城市群建设的先行者，武汉都市圈和长株潭城市群的规划建设对于探索新型工业化与新型城镇化发展之路，进而实现区域之间与城乡之间的统筹发展意义重大。2015 年 4 月《长江中游城市群发展规划》出台，文件中提到的长江中游城市群则不仅涵盖武汉城市圈、环长株潭城市群，范围还进一步延伸到了环鄱阳湖城市群。长江中游城市群的建设将加快促进中部地区崛起，使长江流域成为中国经济新支撑带。

**2. 西部地区城市群是支撑“西部大开发”的战略高地**

2006 年 12 月审议通过的《西部大开发“十一五”规划》，提出要重点建设广西壮族自治区北部湾与成渝等重点经济区，并将其建设成为带动和支撑西部大开发的战略高地。此后，2008 年 1 月，根据《广西北部湾经济区发展规划》的要求，将致力于把北部湾经济区建设成为中国经济增长第四极。2011 年 5 月 30 日，根据国务院批复，国家发改委印发《成渝经济区区域规划》，文件指出：“成渝经济区自然禀赋优良，产业基础较好，城镇分布密集，交通体系完整，人力资源丰富，是我国重要的人口、城镇、产业集聚区，是引领西部地区加快发展、提升内陆开放水平、增强国家综合实力的重要支撑，在我国经济社会发展中具有重要的战略地位。”广西北部湾经济区与成渝经济区等西部地区城市群建设在带动西部地区发展和促进全国区域协调发展中发挥着重要作用。

**3. 东部地区城市群是“东部地区率先发展”的重要引擎**

长三角城市群是中国经济最具活力、创新能力最强、开放程度最高、吸纳外来人口最多的区域之一。它的发展关系着国家现代化建设大局，它的进一步开放决定着中国参与国际竞争与合作的程度，在整个国民经济发展中具有举足轻重的战略地位。2016 年 6 月经国务院同意，国家发展和改革委员会印发了《长江三角洲城市群发展规划》。在规划中，长三角城市群战略定位于："亚太地区重要的国际门户、全球重要的现代服务业和先进制造业中心、全国新一轮改革开放排头兵等。"这一战略使命将推动长三角城市群建设朝着有利于促进东部地区产业升级，辐射带动周边区域和中西部地区经济发展，增强国家整体竞争力的方向发展。

#### 4. 东北地区城市群是深化改革"东北老工业基地"的先行区

哈长城市群是中国重要的老工业基地和最大的商品粮基地，也是东北地区城市群的重要组成区域和东北地区对外开放的重要门户。2016 年 2 月 23 日，国务院印发了《关于哈长城市群发展规划的批复》，文件指出："哈长城市群的建设有利于探索粮食主产区新型城镇化道路、培育区域经济发展的重要增长极，对于推进'一带一路'建设和扩大国际产能合作、进一步提升东北地区对外开放水平等具有重要意义。"同时，哈长城市群也被定位为东北老工业基地振兴发展重要增长极，老工业基地体制机制创新先行区。可以看出哈长城市群从规划建设之初就被寄予厚望，担负着振兴东北老工业基地的重要历史使命。

鉴于城市群在区域协调发展中的重要作用，《国家新型城镇化规划（2014—2020）》提出以城市群为主体推进新型城镇化建设，以此来进一步优化城镇化空间布局和形态。不同于单个城市彼此分离，各自为战的做法，城市群通过实现区域内经济的一体化，使资源能在城市间自由流动，从而实现资源的最优化配置。除此以外，在城市群内部，以大城市为中心，以中小城市为腹地的城市群体系，也能有效地解决中心城市人口过度集中，腹地城市人口集聚不足所面临的困境问题，实现转移人口在城市群范围内的市民化。这也符合新型城镇化"以人为本"的核心理念。

### 2.2.3 新时代中国多中心城市群的发展道路

#### 1. 从经济区到城市群的发展道路

改革开放以后，中国逐渐由过去的计划经济转变为市场经济，在经济体制转轨时期，区域空间结构也发生了较大的变迁，为了实现让一部分人先富起来，然后先富带动后富，最终实现共同富裕，国家实施了沿海开放政策，一批经济试验区在中国的版图上相继出现，走出了一条中国特色的城市发展道路。最早的上海经济区就是长三角城市群的发展雏形。1982年12月22日国务院发出《关于成立上海经济区和山西能源基地规划办公室的通知》，标志着改革开放以来中国最早的一次区域一体化实践在上海经济区展开。最初的上海经济区仅包括上海、苏州、常州、无锡、南通、杭州、湖州、宁波、嘉兴和绍兴10个城市，但随着经济区经济发展水平的提高，其辐射影响范围不断扩大，加之1992年长三角经协委（办）主任联席会的成立，历经数次扩容，截至2016年国务院批准实施《长江三角洲城市群发展规划》，长三角城市群数量已达26个。经过数年的发展建设，长三角城市群已经发展成为世界级的城市群，其辖区面积34.5万平方公里，2016年地区生产总值14.7万亿元，总人口1.5亿人，分别约占全国国土面积的3.6%、生产总值的19.7%和总人口的11.0%。

除了上海经济区，一大批经济区如雨后春笋般在中国其他地区相继涌现。为了对各个经济区的发展现状进行合理评估，顾朝林（1991）对中国经济区进行了划分和研究，指出中国城市经济区是以大中型城市为核心，并由一群与之紧密相连的广大地区所组成，它们在生产上相互协作形成一个跨地区的社会分工体，它们在经济上紧密联系形成一个你中有我、我中有你的经济共同体。在要素构成上它们是由中心城市、城镇网络、联系通道、经济腹地和空间梯度组成。一方面，中心城市决定了经济区的发展层次；另一方面，经济腹地则决定了经济区的辐射范围。在运用Rd链方法对中国经济区进行划分以后，方创琳（2014）归纳出了九大经济区：即沈阳经济区、上海经济区、京津经济区、武汉经济区、西安经济区、重庆经济区、广州经济区、拉萨经济区、乌鲁木齐经济区九大城市经济区，以及两大经济发展地带（由沈阳、京津、武汉、上海、广州组成的东部经济发展地带和由重庆、西安、拉萨、乌鲁木齐组成的西部经济发展地带）。周一星和张莉（2003）虽然将城市经济区定义为以中心城市或城市密集区为依托，在城市中心与其腹地之间发展起来的具有紧密经济联系的枢纽区，但他也认同顾朝林关于经济区构成要素的表述。此外他还根据经济区的四要素对中国经济区的发展现状进行了定量评价，并将中国经济区划分为三个一级城市经济区（以京津唐为核心的北方区、以长三角为核心的东中区、以珠三角为核心的南方区），以及11个二级城市经济区。这些经济区后来也都发展成为中国重要的城市群区域（方创琳，2014；周一星和张莉，2003）。

随着经济区规模的进一步扩大，城市群的发展雏形逐步显现。姚士谋（2006）在其出版的《中国的城市群》中将城市群概括为在一定地区范围内，各类不同等级规模的城市依托交通网络组成的一个相互制约、相互依存的统一体。而方创琳等（2005）则指出中国城市群结构体系由28个大小不同、规模不等、发育程度不一的城市群组成。

**2. 政策引导下的功能多中心城市群发展道路**

改革开放以来经济特区、对外开放口岸、国家级新区与工业园区等建设试点，使得中国东南沿海部分城市在这一特定历史时期（“双轨制”时期），在国家政策的倾斜下迅速崛起，并一度成为各自城市群内重要的中心城市或次中心经济发展腹地。此外，东南沿海地区也因劳动密集型轻工业，成为了劳动力的聚集高地，尤其是在2001年中国全面放开户籍制度限制以后，城镇化发展趋势从过去的离土不离乡，到离土又离乡，最后转变为从内陆向东南沿海地区流动。东南沿海地区迅速发展成为了中国城镇化水平最高的地区。这也就有利于东南沿海地区借鉴美国的发展经验，走去中心化的扩散路径，形成城市群功能多中心结构。

进入21世纪，中国行政区经济逐渐让位于城市群经济，各地区“城市群发展规划”相继出台（见表 2－2），在这一政策规划的引导下，中国功能多中心城市群结构逐渐凸显，城市群内协调发展的格局开始显现（宋冬林和姚常成，2018）。以“长三角城市群发展规划”为例，根据《长三角地区区域规划（2010—2015）》对现代服务业体系的部署要求，上海将重点布局发展金融、航运等服务业；杭州则重点发展文化创意、电子商务、旅游休闲等服务业；南京重点发展现代物流、文化旅游、科技等服务业。而根据《京津冀都市圈区域规划》的要求，北京将重点发展以交通运输及邮电通信业、房地产业和批发零售、金融保险业及餐饮业为主的产业，而天津则定位为大力发展汽车、电子信息、生物技术与现代医药、新能源及环保设备等先进制造业等，河北 8 市定位在原材料重化工基地、现代化农业基地和重要的旅游休闲度假区域。这样基于地区比较优势的产业布局调整，以及城市之间的专业分工将有利于形成多头联动的城市群发展格局。但需要注意的是，北京和天津在以往的产业政策上求大求全，导致产业结构自成体系，产业结构趋同明显，相互之间对于资源和市场的竞争激烈，使“京、津”各自为营，京津冀城市群的功能单中心城市群结构很难在短时间内得到根本改善。

**表 2－2　　政策引导下的功能多中心城市群建设**

| 城市群 | 中心城市 | 次中心城市 | 城市群建设相应的发展规划 |
| --- | --- | --- | --- |
| 长江中游 | 武汉、长沙、南昌 | 株洲、湘潭、宜昌 | 2007 年 12 月，国务院正式批准武汉都市圈和长株潭城市群成为全国资源节约型和环境友好型社会建设综合配套改革试验区，这一举措拉开了长江中游城市群建设的序幕。2010 年 1 月，国务院又批复了《皖江城市带承接产业转移示范区规划》，开启了皖江城市带产业分工协作的序幕。同年，《鄱阳湖生态经济区规划》也获批通过。自此，长江中游城市群建设的雏形基本形成 |
| 北部湾 | 南宁、海口 | 湛江、钦州、玉林 | 2008 年 1 月，国家批准实施《广西北部湾经济区发展规划》，该规划的战略重点是：“完善产业布局，形成开放合作的产业优势。以市场为导向，发挥比较优势，大力发展高起点、高水平的沿海工业、高技术产业和现代服务业，承接产业转移，形成特色鲜明、竞争力强的产业结构” |

续表

| 城市群 | 中心城市 | 次中心城市 | 城市群建设相应的发展规划 |
|---|---|---|---|
| 珠三角 | 广州、深圳 | 佛山、中山、东莞 | 2008年12月，国务院印发《珠江三角洲地区改革发展规划纲要（2008－2020）》，该规划提出："发挥中心城市的辐射带动作用；优化珠江口东岸地区功能布局；提升珠江口西岸地区发展水平；推进珠江三角洲区域经济一体化" |
| 哈长 | 哈尔滨、长春 | 齐齐哈尔、大庆 | 2009年，国务院通过了《中国图们江区域合作开发规划纲要》，规划明确提出："要形成窗口、前沿、腹地有机联结、功能协调、有效互动的空间布局，促进长吉图一体化发展" |
| 长三角 | 上海 | 苏州、南京、杭州、无锡、宁波、合肥 | 2010年6月7日，国家发展改革委批复通过了《长三角地区区域规划（2010—2015）》，文件的出台实施有利于优化长三角地区的总体布局，推动地区形成多头联动的协调发展格局 |
| 京津冀 | 北京、天津 | 石家庄 | 2010年8月，《京津冀都市圈区域规划》作为国家"十一五"规划中的一个重要的区域规划，在消除由单中心城市群结构带来的"环京津贫困带"中被寄予厚望 |
| 成渝 | 成都、重庆 | 绵阳 | 2011年5月，国务院批复《成渝经济区区域规划》，该规划力图将成渝城市群建设成为国家重要的现代产业基地，积极承接国内外产业转移 |
| 中原 | 郑州 | 洛阳 | 2012年11月，国务院批复《中原经济区规划》，将郑州作为中原经济区的中心城市，巩固提升洛阳中原城市群副中心城市地位 |

## 2.3 本章小结

虽然中国城市群发展迅猛，但不可避免地也遇到了一些棘手问题，制约着城市群进一步发挥地区增长极的作用，阻碍了城市群促进东、中、西部地区之间及城市群内部协调发展的脚步。第一，中国城市群单体城市格局明显，城市共同体构建尚未完成（刘士林，2015）。虽然早在1898年英国城市学家埃比尼泽·霍华德就提出了城镇集群的概念，但城市群概念被引入国内才短短 30 多年的时间。经过多年的建设发展，城市群的基本雏形已渐趋成型，但当下中国城市经济发展模式主要还是以单体城市为主，城际间分工协作尚不明显，产业趋同现象较为严重。突破单体城市发展格局，构建良好的分工体系和层级关系，解决大中小城市和小城镇的对立与冲突，就成为了摆在城市群规划面前的重点和难点问题。第二，中国城市群内部各城市间行政区划壁垒与市场分割现象仍然存在，不利于形成区域一体化格局。长期以来“以邻为壑”的市场分割现象在中国一直较为普遍（范欣等，2017），地市间基于各自的短期利益，各自为政，难以真正走出“囚徒困境”。打破行政区划壁垒、破解市场分割难题势在必行。第三，中国城市群单中心空间结构特征凸显，两极分化风险日益显现。以京津冀为代表的城市群，其单中心空间结构较为明显，“环京津贫困带”现象难以得到有效改善，不利于形成京津冀协同发展的新格局。

基于此，如何进一步构建良好的城市分工体系，解决大中小城市和小城镇的对立与冲突，实现省域经济、行政区经济向城市群经济的顺利转变？如何促进区域经济一体化，从而打破城市群内各城市之间的行政垄断与市场分割？如何破除城市群单中心结构导致的两极分化问题，最终实现区域的协同发展？这些问题都有待进一步深入研究。

# 第 3 章

# 高铁运营、经济协调会制度与城市群市场一体化

改革开放 40 多年来，我国经济发展所取得的各项成就，无疑都离不开社会主义市场经济体制改革的伟大实践。而历史经验则表明，市场机制作用的发挥需要打破地区与地区之间的市场分割，使各项生产要素能在不同地区之间自由流动，让价格充分反映产品的真实价值，使市场在资源配置中起决定性作用。这是党的十九大报告中提出的建设现代化经济体系的必然要求。所以，打破地区之间的市场分割将对社会主义市场经济体制改革的推进产生深远影响，也将对当下全面深化经济体制改革进入“深水区”的关键阶段，我国构建现代化经济体系发挥积极作用。

纵观十多年来我国市场分割趋势的变动情况（见图 3 - 1），除了 2004 年与 2008 年可能受税制体制改革和金融危机的影响，使我国市场分割的趋势有所反弹，从整体上来看，尤其是 2008 年以后，我国的市场分割水平还是呈现出明显的下降趋势。究其原因是多方面的：从制度性市场分割的角度来看，改革开放以来，全国各地区对外开放水平不断提高[①]，地区与地区之间的分工与合作日益深化，加之财税体制也不断优化向好，逐渐建立起了权责清晰和区域均衡的“中央—地方”财政关

① 陈敏，桂琦寒，陆铭，陈钊．中国经济增长如何持续发挥规模效应——经济开放与国内商品市场分割的实证研究［J］．经济学（季刊），2007（1）：125 - 150.

系，使地方政府也能从大局观的角度来考虑地方以及整个区域的协调发展问题；从自然性和技术性市场分割的角度来说，包括交通运输、城市公用设施、信息通信等在内的基础设施建设不断完善①，提高了市场的交易效率，降低了地区之间的物流和交易成本，促成了整个地区市场一体化的实现。然而，在众多交通运输工具之中，具有时空压缩效应的新型运输工具——高铁的出现，对城市群市场一体化的影响就需要引起我们的特别关注。

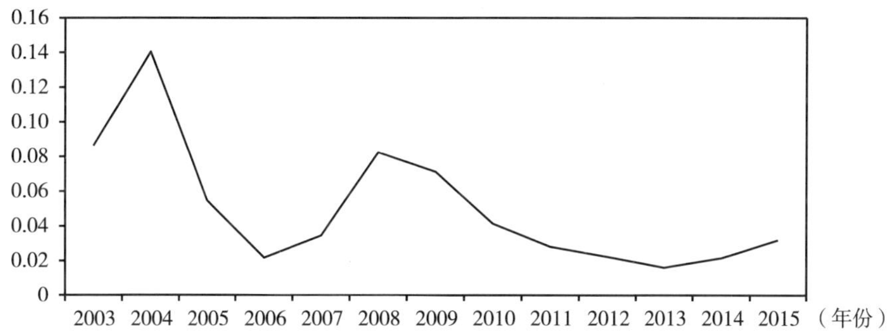


**图3-1 我国市场分割情况趋势**

2008年以后，我国掀起了一场高速铁路建设“热潮”，历经多年的发展，截至2017年底，全国累计高速铁路里程数已达2.5万公里，成功跃居世界第一位，标志着我国已加速进入“高铁经济时代”。高铁的到来方便了人们的日常出行，也极大地压缩了城市与城市之间的时空距离，使城际之间的经济联系日臻紧密，促成了特大城市群落的形成（刘乃全、吴友，2017）。数据显示，截至2016年底，我国5大城市群（珠三角、长三角、京津冀、长江中游城市群、成渝城市群）总面积占全国的11%，但却集中了全国55%的经济总量和40%的总人口，是我国经济发展最具活力的地区。城市群的迅速崛起离不开高铁网络建设带来的时空压缩效应影响，但由于存在较为严重的行政区划壁垒和市场分割，城市群的发展仍然受到了一定的限制和扭曲（张学良等，2017）。所以强化

① 张学良．中国交通基础设施促进了区域经济增长吗？——兼论交通基础设施的空间溢出效应［J］．中国社会科学，2012（3）：60-77.

城市群内的协调机制建设也不容忽视。

长三角城市群是我国较早践行经济协调会制度的地区，从1992年上海、无锡、宁波等14个市经协委（办）发起成立长三角经协委（办）主任联席会，到1997年长江三角洲城市经济协调会正式成立，历经30多年的发展，长三角协调会凭借高效的组织结构和科学的运营模式已将长三角城市群建设成为了我国市场一体化发展最好的地区之一（徐现祥、李郇，2005）。但在继续推进经济协调会制度，不断扩容长三角城市群边界的同时，关于长三角城市群范围该有多大，这一话题引起了学界和政界的普遍关注。施建军和梁琦（2007）认为长三角区域合作要不断向外扩展，打破“富人俱乐部”思维。而程必定（2009）认为长三角应该容纳安徽地区。但由城市群经济协调会确认的城市群范围边界也并非越大越好。方创琳（2014）就指出，若不顾城市自身发展实际而使城市群空间范围盲目地扩容求大，则将不利于城市群的良性发展。

综上所述，在我国迈入“高铁经济时代”的背景下，从自然性和技术性市场分割视角来看，高铁运营是否能打破城市群内的市场分割？从制度性市场分割视角来看，城市群经济协调会合作机制是否又促进了区域的市场一体化？城市群在不断扩容建设的同时，到底边界确认多大才能更有利于区域市场整合？理清这些问题对于进一步推动城市群的一体化发展，构建现代化经济体系具有非常重要的现实意义。

与既有文献相比，该章节的贡献主要体现在以下三个方面。一是既有文献往往是从省际层面研究市场分割的影响因素。本章节尝试深入到市际层面，对城市群内同一省份内或不同省份间地级市的市场分割情况及其决定因素进行研究。二是既有文献大多从自然性市场分割或制度性市场分割的单一视角出发来研究。例如，基础设施建设对于打破市场分割的作用机理（张学良，2012）、财政分权对市场一体化的影响等（范子英、张军，2010）。本章节尝试从自然性市场分割、技术性市场分割和制度性市场分割三个视角，同时考量具有时空压缩效应的高铁的出现与城市群经济协调会合作机制对于城市群市场分割的影响。三是考虑到高速铁路对于0.5～3小时交通圈内市场分割的影响差异，本章节还以不同小时交通圈为空间距离阈值，深入研究了高铁运营对于市场分割影响的时空差异，以此为“高铁经济时代”下城市群边界的确认提供经验参考。

## 3.1 相关文献综述

市场分割现象在我国一直较为突出（银温泉和才婉茹，2001），它不仅与建立统一开放的市场目标背道而驰（徐现祥和李郇，2005），而且还严重制约了当地经济的有序发展（陈敏等，2007）。针对我国市场分割的成因，学者们展开了激烈的讨论。阿尔文·杨（Young，2000）指出由于地方保护主义的抬头，政府为了保护自身既得利益，通过设置行政壁垒来保护本地市场，阻碍了生产要素的自由流动，加剧了地区之间的市场分割现象。庞塞特（Poncet，2005）也同意这一观点，并进一步指出政府过多的行政干预将不利于市场的有效整合。此外，当市场开放程度较低时，也会加剧市场分割，只有当市场开放程度达到一定水平以后，市场才会开始趋于整合（陈敏等，2007）。再者，财政分权体制下，中央政府将事权与财权下放到了地方，不可避免地加剧了地方采取保护主义政策的倾向（范子英和张军，2010）。但也有学者持不同观点，认为地方财政分权能提高地区之间的市场竞争水平，有利于统一市场的形成（Barry，1999）。范欣等（2017）将这些成因统一归结为制度因素，并在此基础上提出了因空间距离等物理因素制约而产生的自然性市场分割和因两地技术水平和劳动力水平差异而产生的技术性市场分割，得出完善基础设施建设是打破市场分割的主要手段之一。就市场分割的发展趋势来看，学者们得出的结论也莫衷一是。虽然大部分学者都认为国内市场正日益整合（Fan et al.，2006）。但还有部分学者坚持认为国内的市场分割现象还在不断加剧（行伟波和李善同，2009）。关于如何打破国内的市场分割，首先可以从完善政府官员考核以及晋升激励机制出发，确保地方政府官员能从长远角度来考虑当地的经济发展问题，防止他们采取“以邻为壑”的行政手段来保护当地市场（皮建材，2008）；其次，地方的经济发展水平也能在一定程度上决定当地的市场分割水平，随着地区人均生产总值不断增加，市场分割程度随之减弱（范爱军等，2007），而经济发展水平高的城市也能从市场的分工与合作中获取更多利益，削弱采取地方保护主义的动机（陆铭等，2007）；最后，合理调节经济发达与落后地区的转移支付水平（范子英和张军，2010），进一步落实对外开放政策等也能显著降低国内的市场分割水平（柯善咨和郭素梅，2010）。但这些研究结论多针对制度性市场分割提出，对技术性与自然性市场分割研究还需进一步加强。

近年来，随着大规模的交通基础设施建设热潮席卷全国，学者们逐渐将目光驻足在了交通基础设施的建设上。交通基础设施的完善能通过降低地区间的物流成本显著弱化边界效应对于区域经济一体化的影响（刘生龙和胡鞍钢，2011）。交通体系的完善还能提高地区间的对外开放程度，打破地区间的市场分割，提高市场有效配置资源的效率（王雨飞和倪鹏飞，2016）。高速铁路作为一种新型的交通运输工具，它在压缩地区间时空距离，降低地区间交通运输成本等方面发挥着积极的作用（Donaldson and Hornbeck，2016；Lin，2017），但目前还鲜有学者研究高速铁路对于打破地区市场分割的影响。

对于城市群市场一体化的发展，除了高铁网络的建设以外，城市群内部的协调机制建设也显得尤为重要。加强城市群协调机制建设，可以推动地区间的交流与合作，打破行政区经济占主导的“单体城市”发展格局。关于城市群协调机制的研究，从城市群发展战略、政策法规以及产业分工与合作等视角出发提出的对策建议较多（覃成林和周姣，2010）。其中也不乏关于经济协调会的建议，如陈群元和宋玉祥（2011）就主张建立权威性的城市群协调机构及各种行业性的跨城市协调组织，以此来实现区域经济一体化。但从现有成果来看，鲜有学者从定量的角度对现有的经济协调会是否发挥作用进行实证检验。

高铁的规划与建设又是与城市群发展战略紧密联系在一起的，高铁的运营就旨在连接各大中心城市，促进信息、技术、劳动力在城市群内及城市群间自由流动（Chen，2012）。所以，研究城市群协调机制建设对市场分割的影响不能与城市群高铁网络的运营割裂开。当将高铁运营与经济协调会合作机制结合在一起分析时，到底是高铁运营促进了城市群内的市场一体化？还是城市群经济协调会合作机制打破了城市群内的市场分割？在高铁的时空压缩效应影响下，借由经济协调会确认的城市群边界倾向于有多大？这些问题都有待进一步检验。

## 3.2 计量模型的设定

### 3.2.1 空间计量模型的构建及空间权重矩阵的确认

高速铁路网络的建设可能会产生跨区域的空间溢出效应。生产要素在跨区域间快速流动，促使当地政府会根据外地政府的举措来决定是否采取市场分割行为（范欣等，2017），此时市场分割就会表现出一定的空间相关性，需要利用空间计量模型对其加以分析。参考维格等（Vega et al.，2015）的做法，本章节从广义嵌套空间模型出发，其一般表述形式如下：

$$y_{it} = \alpha + \rho w_{ij} y_{jt} + \theta w_{ij} x_{it} + \beta x_{it} + \mu, \mu = \gamma w_{ij} \mu_{jt} + \varepsilon \qquad (3-1)$$

其中，$w_{ij}y_{jt}$和$w_{ij}x_{it}$分别表示因变量的内生交互效应和自变量的外生交互效应，而$w_{ij}\mu_{jt}$表示扰动项的交互效应；$w_{ij}$为空间权重矩阵；$\rho$、$\theta$、$\gamma$为各自对应的空间相关系数。在式（3-1）中，若$\gamma=0$，则模型表示为空间杜宾模型SDM；若$\gamma=0$，$\theta=0$，则模型表示为空间自回归模型SAR；若$\gamma=0$，$\rho=0$，则即为解释变量空间滞后模型SLX；若$\rho=0$，$\theta=0$，则模型表示为空间误差模型SEM（Vega et al.，2015）。

不同于传统的计量方法，空间计量是在传统计量方法的基础上引入了空间权重矩阵，将变量之间的空间相关性纳入模型进行考察。不同的空间权重矩阵设置会对模型的估计结果产生不同的影响。本章节参考胡煜和李红昌（2015）的做法，选取以下两种空间权重矩阵进行模型估计：一种是地理相邻空间权重矩阵，即考察变量在临近城市之间的相关性，若两地级市在地理位置上接壤，则赋值为1，否则为0；另一种是反距离空间权重矩阵，即当城市之间距离小于一定空间距离阈值时按照与其距离的倒数值计算权重，但若大于距离阈值则将其权重视为0。在空间权重矩阵阈值的选择上，为了进一步考察高铁运营对于0.5小时、1小时、2小时和3小时交通圈内市场分割的影响差异，本章节分别采用150公里、300公里、600公里、900公里作为空间距离权重阈值①。上述权重矩阵均经过了标准化处理。

### 3.2.2 变量说明及数据来源

被解释变量（*SEG*）的选取，本章节参考桂琦寒等（2006）和范爱军等（2007）的做法，采用相对价格指数法对各地级市市场分割程度进行测算。②

主要解释变量有高铁运营的虚拟变量（*OPER*）和长三角经济协调会的虚拟变量（*D*）。高铁运营的虚拟变量主要用来衡量开通高铁时间前后，高铁城市与非高铁城市市场分割程度的差值变化情况，即通过倍差法（DID）来表示高铁运营对市场分割的影响。同理，长三角经济协调会的虚拟变量则用来衡量城市群的协调机制对市场分割程度的影响。当城市 $i$ 在 $t$ 年开通高铁，$oper_{it}=1$；若未开通则$oper_{it}=0$。同样，当城市 $i$ 在 $t$ 年加入长三角经济协调会时，$D_{it}=1$；否则，$D_{it}=0$。

其他控制变量的选取，参考范子英和张军（2010）和范欣等（2017）的做法，主要包括对外开放程度（*OPEN*），即采用城市对外进出口总额占比GDP比重来表示，其中进出口额兑换汇率采用美元兑换人民币年平均汇率进行折算；财政支出占比（*GOV*），即用政府财政支出扣除科教文

① 参考胡煜、李红昌（2015）的做法，将高铁的时速设定为300公里/小时。

② 考虑到数据的连续性和口径一致性我们最终在范爱军等（2007）的基础上确定了六类商品进行研究，即饮料、服装、书报杂志、中西药品、日用品及燃料。参见：范爱军，李真，刘小勇．国内市场分割及其影响因素的实证分析——以我国商品市场为例［J］．南开经济研究，2007（5）：111－119.

卫后占 GDP 比重来表示；财政分权（*FINANCE*），参考范子英和张军（2010）的做法，即采用地级市政府预算内人均财政支出占省级预算内人均财政支出比重来表示。

本章节主要考察了长三角城市群高铁的运营与经济协调会合作机制对地区市场分割的影响。选择长三角城市群进行研究，一方面是因为它不仅是我国经济发展水平最高的区域之一，同时也是我国践行社会主义市场化改革最早的区域之一（徐现祥和李郇，2005）；另一方面旨在推进长三角城市群协调发展的“长三角经济协调会”也在该区域较早试点，对于推动当地城市群建设和市场一体化进程做出了巨大的贡献。此外，在进行样本城市选择时，为了解决内生性问题，即高铁对照组城市的选择性偏误，参考林娅棠（Lin，2017）的做法，将样本城市限定在已建高铁和根据《中长期铁路规划（2016—2025）》将要规划建设高铁的城市。最后剔除部分数据不全的城市，本章节将样本量最终确定为 34 个，时间跨度为从 2003 ~ 2015 年的 13 年。数据主要来源于历年长三角地区《各市统计年鉴》《中国城市统计年鉴》《中国区域经济统计年鉴》《各省统计年鉴》和《中国铁路列车时刻表》。

## 3.3 实证分析

### 3.3.1 空间相关性检验

为了检验变量之间是否存在空间相关性，一般采用 Moran I 指数来衡量，其具体的计算公式如下：

$$I = \frac{n\sum_{i=1}^{n}\sum_{j=1}^{n} w_{ij}(x_i - \bar{x})(x_j - \bar{x})}{\sum_{i=1}^{n}\sum_{j=1}^{n} w_{ij}\sum_{i=1}^{n}(x_i - \bar{x})^2} = \frac{\sum_{i=1}^{n}\sum_{j=1}^{n} w_{ij}(x_i - \bar{x})(x_j - \bar{x})}{S^2\sum_{i=1}^{n}\sum_{j=1}^{n} w_{ij}} \tag{3-2}$$

其中，$n$ 为地级市的个数，$x_i$ 与 $x_j$ 为城市 $i$ 和城市 $j$ 所要考察的变量，$S^2$ 是变量的方差，$w_{ij}$为空间权重矩阵。当 Moran I 指数取值为正时，表示变量之间存在正相关，若为负值，则表现为负相关；当 Moran I 指数取值为 0 时表示不存在空间相关性。本章节以长三角地区 34 个地级市作为研究对象测度了在空间权重矩阵设定条件下 2003～2015 年的市场分割指数的 Moran I 指数，最终的结果显示（见表 3－1）市场分割指数的 Moran I 指数值均显著为正，说明市场分割变量呈现出空间相关性，需要借用空间计量模型进行结果估计。

**表 3－1　2003～2015 年长三角地区城市各项指标 Moran I 指数**

| 年份 | 2003 | 2004 | 2005 | 2006 | 2007 | 2008 | 2009 |
|---|---|---|---|---|---|---|---|
| Moran I | 0.358*** | 0.425*** | 0.358*** | 0.313*** | 0.424*** | 0.223* | 0.481*** |
| z 值 | 3.062 | 3.505 | 3.618 | 2.665 | 3.437 | 1.971 | 4.222 |
| 年份 | 2010 | 2011 | 2012 | 2013 | 2014 | 2015 | |
| Moran I | 0.576*** | 0.639*** | 0.332*** | 0.716*** | 0.340*** | 0.606*** | |
| z 值 | 4.527 | 5.257 | 2.827 | 5.846 | 3.072 | 5.017 | |

注：***、**、* 分别表示在 1%、5%、10% 水平下显著。

### 3.3.2　模型的选取及估计方法

由于本章节使用的数据皆为地级市数据，鉴于每个城市都有自己的经济社会特点，一般来说应该采用固定效应模型，在利用 Hausman 检验后也得出同样结论。本章节进一步通过似然比检验和 LM 检验来判断空间计量模型的选择，结果显示，LM error 值和 LM lag 值分别为 40.74、15.98，它们均在 1% 的显著性水平下拒绝原假设，故本章节最终采用空间面板杜宾模型（SDM）。由于面板杜宾模型的自变量存在空间相关性，故模型如果继续采用普通的最小二乘估计（OLS）则会出现有偏的结果，因此，本章节借鉴李和于（Lee and Yu，2010）的做法，最终采用了最大似然法（MLE）对模型进行参数估计。

### 3.3.3 高铁运营与经济协调会合作机制对城市群市场分割的影响

作为本章节分析的起点，我们首先聚焦高铁运营与经济协调会合作机制对长三角城市群市场分割的影响。表 3 – 2 反映了在不考虑空间相关性（模型 1）和考虑空间相关性（模型 2）的设定条件下的回归结果。结果显示，与未考虑空间相关性的计量模型相比，考虑空间相关性的模型拟合优度 $R^2$ 值更高，进一步说明采用空间计量模型对结果进行估计更为合理。

**表 3 – 2　　高铁运营与经济协调会合作机制对城市群市场分割影响的回归结果**

| 变量 | 模型 1 | 模型 2 |
| --- | --- | --- |
| | 固定效应模型 | 邻近空间权重矩阵 |
| $\rho$ | | 0.697***<br>(19.42) |
| *OPER* | −0.024***<br>(−3.58) | −0.005<br>(−0.96) |
| *D* | −0.008<br>(−1.46) | −0.011**<br>(−2.43) |
| *OPEN* | −0.042***<br>(−2.67) | −0.008<br>(−0.74) |
| *GOV* | −0.171**<br>(−2.07) | −0.085<br>(−0.95) |
| *FINANCE* | 0.218<br>(0.71) | 0.307<br>(1.46) |
| *C* | 0.066***<br>(3.99) | |
| *W* × *OPER* | | −0.016**<br>(−2.14) |
| *W* × *D* | | 0.013**<br>(2.26) |
| *W* × *OPEN* | | −0.012<br>(−0.69) |

续表

| 变量 | 模型 1 | 模型 2 |
|---|---|---|
| | 固定效应模型 | 邻近空间权重矩阵 |
| $W \times GOV$ | | 0.159<br>(1.00) |
| $W \times FINANCE$ | | -0.850**<br>(-2.00) |
| $R^2$ | 0.105 | 0.190 |
| Log-*L* | | 969.93 |
| *Obs* | 442 | 442 |

注：第1列括号中为 *t* 值，第2列括号中为 z 值；***、**、*分别表示在1%、5%和10%水平下显著。

从表3-2中模型1的估计结果来看，高铁运营对于市场分割的回归系数值显著为负值，说明高铁的运营有利于打破地区之间的市场分割。高铁运营使得城市与城市之间的经济联系日臻紧密，城市之间的劳动力与资本流动也日趋频繁（Lin，2017），地方政府为了招商引资同时吸引人才的流入有动力去降低本地区的市场准入门槛，加速整个地区的市场一体化进程。而长三角经济协调会虚拟变量的回归系数不显著，这有可能是因为，经济协调会对市场分割的影响存在空间相关性，即可能只有相互邻近的城市同时加入经济协调会以后，才能对彼此的市场一体化产生影响。所以，需要综合考虑空间权重矩阵的设置才能反映出其对地区市场分割的影响。对外开放程度的回归系数在1%的水平下显著为负，说明对外开放程度越高，越有利于打破地区之间的市场分割，加强本市与外市的经济联系与合作。陈敏等（2007）在研究对外开放程度与市场一体化关系时也发现，当地区对外开放程度达到一定阶段以后，若进一步深化对外开放则有利于实现地区市场一体化。最后，财政支出的回归系数显著为负，说明政府对于地方干预程度越高，越不利于整个地区实现市场一体化。

从表3-2中模型2的估计结果来看，市场分割的空间滞后项回归系数 ρ 在1%的水平下显著为正，说明在长三角城市群各地级市之间“以邻为壑”的现象依然存在，不仅省际之间存在基于行政边界的市场分割，在地级市之间，出于地方保护主义的需要，市场分割现象依旧明显。就高铁运营与长三角经济协调会的回归系数来看，由于该模型考虑了空间滞后项，故此时的回归系数不再反映自变量对因变量的影响（Elhorst，2014；LeSage and Pace，2009）。所以下面将进一步分解高铁运营与长三角经济协调会合作机制对市场分割的直接效应与间接效应，以此来综合考察两者的空间溢出效应。

### 3.3.4 不同距离阈值下空间溢出效应的异质性分析

根据国家发展和改革委员会、交通部、铁路总公司2016年最新公布的《中长期铁路网规划》要求："到2020年，我国高速铁路网络要达到3万公里，覆盖80%以上的大城市，建成现代的高速铁路网络体系，实现城市群内0.5~2小时交通圈。"可见高速铁路在强化城际联系，压缩城际时空距离中被寄予厚望。下面就将进一步考察高铁运营对于城市群内0.5~3小时交通圈内市场分割的影响差异，探析高铁的时空压缩效应是否实现了城市群内不同时空距离下的市场一体化。

从表3-3的估计结果可以看出，距离阈值从0.5小时增至2小时，城市群市场分割的空间滞后项系数$\rho$均显著为正，且随着距离阈值的增大，空间滞后项系数$\rho$的边际增加值也越来越大，并在2小时距离阈值的设定下达到最大，最后再综合考虑高铁运营的空间滞后项系数的显著性①与Log-$L$值的大小，说明城市群空间范围设定在2小时交通圈内对于实现市场一体化效果更为明显。② 从长三角经济协调会的空间滞后项系数显著性来看，在反距离空间矩阵的设置条件下，经济协调会的空间溢出效应尚不明显，有待下文中从间接效应和直接效应的角度做进一步检验。

---

① 本章节在进行空间溢出效应分析时还发现，在以3小时为距离阈值设定的反距离空间矩阵下，高铁运营的间接效应也不显著，而其总效应值也小于2小时距离阈值的设定情况。限于篇幅原因，下文中将不再列示3小时交通圈的估计结果。

② 参考胡煜和李红昌（2015）对于最佳空间距离阈值的选取标准及解释说明。

表 3 - 3　不同距离阈值下反距离空间矩阵的空间面板杜宾模型的回归结果

| 变量 | 模型 1 | 模型 2 | 模型 3 | 模型 4 |
|---|---|---|---|---|
| | （0.5 小时交通圈） | 反距离空间矩阵（1 小时交通圈） | （2 小时交通圈） | （3 小时交通圈） |
| $\rho$ | 0.578***<br>(12.17) | 0.584***<br>(11.68) | 0.636***<br>(10.37) | 0.638***<br>(13.33) |
| *OPER* | -0.008<br>(-1.57) | -0.013**<br>(-2.26) | -0.007<br>(-1.29) | -0.011**<br>(-1.93) |
| *D* | -0.004<br>(-0.88) | -0.002<br>(-0.35) | 0.005<br>(1.21) | 0.001<br>(0.20) |
| *OPEN* | -0.013<br>(-1.48) | -0.016*<br>(-1.81) | -0.019*<br>(-1.91) | -0.013*<br>(-1.66) |
| *GOV* | -0.048<br>(-0.45) | -0.131<br>(-1.11) | -0.023<br>(-0.24) | -0.068<br>(-0.65) |
| *FINANCE* | 0.323<br>(1.15) | 0.401<br>(1.31) | 0.315<br>(1.41) | 0.389<br>(1.48) |
| *W*×*OPER* | -0.023**<br>(-2.21) | -0.025**<br>(-2.19) | -0.033***<br>(-3.38) | -0.020<br>(-1.17) |
| *W*×*D* | 0.005<br>(0.79) | 0.004<br>(0.60) | 0.004<br>(0.38) | 0.002<br>(0.16) |
| *W*×*OPEN* | -0.023<br>(-1.22) | -0.048*<br>(-1.77) | -0.049<br>(-1.35) | -0.030<br>(-0.79) |
| *W*×*GOV* | 0.206<br>(0.84) | 0.303<br>(0.99) | 0.024<br>(0.09) | 0.327<br>(0.74) |
| *W*×*FINANCE* | -1.533***<br>(-2.95) | -1.478<br>(-1.27) | -0.148<br>(-0.17) | -3.124*<br>(-1.85) |
| $R^2$ | 0.231 | 0.225 | 0.192 | 0.243 |
| Log-*L* | 920.21 | 901.70 | 909.63 | 900.00 |
| *Obs* | 442 | 442 | 442 | 442 |

注：括号中为 z 值；***、**、* 分别表示在 1%、5% 和 10% 水平下显著。

### 3.3.5 高铁运营与经济协调会合作机制对城市群市场分割的空间溢出效应分析

对于空间杜宾模型来说，模型中存在空间滞后项的影响，此时，回归系数的结果并不能完全反映自变量对因变量的影响（Elhorst，2014），基于此，就需要利用偏微分方法对SDM的回归系数做进一步分解，分解为直接效应和间接效应（LeSage and Pace，2009）。其中，直接效应表示自变量对本地区产生的平均影响，而间接效应则反映了自变量对于其他地区的平均影响。

从表3－4的估计结果来看，在不同的空间矩阵设置情况下，高铁运营对于市场分割的空间溢出效应均显著为负值，说明城市群内高铁的运营确实通过空间溢出效应提升了整个地区的市场一体化水平。高铁运营除了通过提高各城市的通达性水平，降低地区之间的物流和交易成本，提高市场的交易效率，减轻了自然性市场分割的影响外；高铁运营所产生的时空压缩效应还能促进劳动力、信息、技术在城市间的自由流动，而劳动力等要素的跨区流动，促进了知识的溢出与扩散，不同地区的劳动力可以通过接触新的知识技能具备跨区和跨行业就业的能力，减轻了技术性市场分割的影响。就高铁运营的直接效应与间接效应比较来看，高铁运营对于市场分割的直接效应均小于其间接效应，即高铁运营对于其他城市市场分割的影响效果均大于对本地区市场分割的影响。就高铁运营对市场分割的总效应来看，在空间距离阈值为2小时交通圈时，高铁运营对城市群市场一体化的空间溢出效应最明显，进一步验证了前面中的结论。反观长三角经济协调会的空间溢出效应，其仅在邻近空间权重矩阵设置下显著为负，且主要表现为直接效应。说明长三角经济协调会主要是通过相邻地市间的合作来打破地区之间的市场分割（徐现祥和李郇，2005；刘乃全和吴友，2017），即“谁加入谁收益”，而对于非邻近地区的空间溢出效应相对有限。具体来说，经济协调会合作机制可以通过推动地区间的交流与合作，打破行政区经济占主导的“单体城市”发展格局；可以通过编制区域性的城市群发展规划合理布局各成员城市的产业结构，减少各成员城市之间由于产业结构趋同所产生的竞争性行为，降低各成员政府采取地方保护主义的倾向，避免严重的制度性市场分割现象。

表 3-4　　不同空间权重矩阵下的空间溢出效应

| 变量 | 模型1 | | | 模型2 | | |
|---|---|---|---|---|---|---|
| | 邻近空间权重矩阵 | | | 反距离空间矩阵（0.5h 交通圈） | | |
| | 直接效应 | 间接效应 | 总效应 | 直接效应 | 间接效应 | 总效应 |
| *OPER* | -0.011*<br>(-1.76) | -0.056**<br>(-2.30) | -0.067**<br>(-2.30) | -0.013**<br>(-2.08) | -0.059**<br>(-2.43) | -0.072**<br>(-2.53) |
| *D* | -0.010**<br>(-2.11) | 0.015<br>(1.19) | 0.005<br>(0.38) | -0.003<br>(-0.83) | 0.005<br>(0.42) | -0.001<br>(-0.05) |
| *OPEN* | -0.014<br>(-0.91) | -0.052<br>(-0.90) | -0.066<br>(-0.93) | -0.018*<br>(-1.70) | -0.066<br>(-1.44) | -0.084<br>(-1.57) |
| *GOV* | -0.048<br>(-0.57) | 0.316<br>(0.81) | 0.268<br>(0.63) | -0.014<br>(-0.16) | 0.412<br>(0.90) | 0.399<br>(0.91) |
| *FINANCE* | 0.062<br>(0.24) | -1.866<br>(-1.52) | -1.804<br>(-1.27) | 0.059<br>(0.21) | -2.883**<br>(-2.50) | -2.824**<br>(-2.21) |

| 变量 | 模型3 | | | 模型4 | | |
|---|---|---|---|---|---|---|
| | 反距离空间矩阵（1h 交通圈） | | | 反距离空间矩阵（2h 交通圈） | | |
| | 直接效应 | 间接效应 | 总效应 | 直接效应 | 间接效应 | 总效应 |
| *OPER* | -0.017**<br>(-2.43) | -0.074**<br>(-2.44) | -0.091***<br>(-2.58) | -0.012*<br>(-1.89) | -0.100***<br>(-2.60) | -0.111***<br>(-2.68) |
| *D* | -0.002<br>(-0.35) | 0.006<br>(0.41) | 0.004<br>(0.24) | 0.060<br>(1.35) | 0.020<br>(0.70) | 0.026<br>(0.86) |
| *OPEN* | -0.022**<br>(-2.18) | -0.134**<br>(-2.01) | -0.156**<br>(-2.14) | -0.026**<br>(-2.32) | -0.160*<br>(-1.72) | -0.186*<br>(-1.87) |
| *GOV* | -0.107<br>(-1.04) | 0.524<br>(0.85) | 0.417<br>(0.70) | -0.025<br>(-0.27) | 0.0001<br>(0.00) | -0.025<br>(-0.04) |
| *FINANCE* | 0.253<br>(0.85) | -2.768<br>(-1.15) | -2.514<br>(-1.01) | 0.332<br>(1.16) | 0.492<br>(0.19) | 0.825<br>(0.30) |

注：括号中为 z 值；***、**、* 分别表示在 1%、5% 和 10% 水平下显著。

## 3.4　本章小结

在新形势下，高铁建设如火如荼，“八纵八横”的高铁网络体系渐趋形成，以大都市为核心的城市群落也已逐渐演变为区域中的全新地域单元，城市群内部市场一体化水平不断提升，这里有高铁运营所产生的时空压缩效应的影响，也有来自城市群内经济协调会合作机制作用的贡献。

本章节利用2003～2015年长三角城市群34个地级市的基础数据，采用空间面板杜宾模型（SDM）方法实证分析了高铁运营与经济协调会合作机制对于打破城市群内市场分割的影响。研究结果表明：（1）从整体上来看，不论是在邻近空间权重矩阵，还是在反距离空间权重矩阵设置情况下，长三角城市群内地市间“以邻为壑”的现象依旧存在，但高铁的运营与城市群经济协调会合作机制却显著地降低了该地区的市场分割水平。（2）从不同的空间距离阈值的设置情况来看，高铁运营不论是在0.5小时、1小时还是2小时交通圈内，均打破了城际之间的市场分割。但若综合考量各自的空间滞后项系数$\rho$的大小及其边际增加值，高铁运营在2小时交通圈内效果最为明显。由此说明，高铁运营产生的时空压缩效应，使城市群内市场一体化范围不断扩大，所以，最佳的城市群边界倾向于控制在离中心城市2小时交通圈范围以内。（3）从高铁运营与经济协调会合作机制对于市场分割的空间溢出效应来看，高铁运营对于市场分割的直接效应在绝大多数情况下均小于其间接效应，即高铁运营对于其他城市市场分割的影响效果均大于对本地区市场分割的影响。反观经济协调会合作机制，其仅在相邻地市间发挥作用，对于周边地区的空间溢出效应相对有限。（4）从高铁运营与经济协调会合作机制打破城市群市场分割的作用机理来看，高铁运营主要通过提高各城市的通达性水平，加速劳动力、信息和技术等的自由流动来打破自然性和技术性的市场分割；而经济协调会合作机制则通过推动地区间的交流与合作来打破制度性市场分割。

就相关的政策建议来说：（1）对于城市群范围边界的确定可以将2小时交通圈作为重要参考依据。但若要进一步扩大城市群市场一体化的作用范围，可通过优化各地区的高铁线路布局来实现，如进一步扩大“复兴号”线路的运营范围，或增加城际高铁网络的铺设密度等。（2）市场分割的诱因是多方面的，所以破除城市群内的市场分割也是一项系统性工程。它不仅需要从自然性和技术性市场分割层面着手解决，还需要破除制度层面的束缚。基于此，打破市场分割一方面需要通过高铁运营为资源的快速流动创造便利的条件，另一方面还需要加强城际间政府在制度层面的交流与合作来为资源的自由流动提供制度保障。（3）各地区城市群在进行经济协调会合作机制建设时，一方面需要充分考量本地区的交通通达性情况，将经济协调会扩容范围控制在一定限度以内（2 小时交通圈）；另一方面经济协调会所纳入的会员城市最好也能够彼此邻近。

# 第4章

# 经济区发展规划与城市群协调发展研究

改革开放40多年来，我国社会经济发展取得了举世瞩目的成就，城市化和工业化进程不断加快，城市间的经济联系日益紧密。在经济全球化背景下，以大都市为核心的城市群落逐渐演变为国家参与到全球分工与合作的全新地域单元，国家与国家之间的竞争也日益表现为以城市群落为代表的城市集团之间的竞争（姚士谋，2006）。城市群作为我国新型城镇化与新型工业化发展到高级阶段的必然产物（方创琳，2014），现已成为推动我国经济增长的重要引擎。自“十一五”规划开始，[①] 国家就高度重视城市群的建设与发展。数据显示，截至2016年底，中国六大城市群[②]总面积占全国的13.03%，但却集中了全国55.35%的经济总

---

① “十一五”规划纲要指出：要把城市群作为推进城镇化的主体形态，已形成城市群发展格局的京津冀、长江三角洲、珠江三角洲等区域要继续发挥带动和辐射作用，加强城市群内各城市的分工协作和优势互补，增强城市群的整体竞争力；具备城市群发展条件的区域，要加强统筹规划，以特大城市和大城市为龙头，发挥中心城市作用，形成若干用地少、就业多、要素集聚能力强、人口分布合理的新城市群。《国家新型城镇化规划（2014—2020）》提出，以大城市为依托，以中小城市为重点，逐步形成辐射作用大的城市群，促进大中小城市和小城镇协调发展。党的十八大报告指出：科学规划城市群规模和布局，增强中小城市和小城镇产业发展、公共服务、吸纳就业、人口聚集功能。加快改革户籍制度，有序推进农业转移人口市民化，努力实现城镇基本公共服务常住人口全覆盖。党的十九大报告则指出：“以城市群为主体构建大中小城市和小城镇协调发展的城镇格局，加快农业转移人口市民化。”

② 截至2017年3月，已有八个国家级城市群，分别为：长三角城市群、珠三角城市群、京津冀城市群、中原城市群、长江中游城市群、北部湾城市群、成渝城市群、哈长城市群。囿于数据可得性，本章节剔除了哈长城市群和京津冀城市群。

量和45.72%的总人口，是我国经济发展最具活力的地区。

党的十九大报告指出：在实施区域协调发展战略进程中，要“以城市群为主体构建大中小城市和小城镇协调发展的城镇格局，加快农业转移人口市民化”。我国城市群建设虽然起步较晚，但发展迅猛，这不仅得益于经济发展中生产力发展和分工体系的不断完善，也得益于国家强有力的系列政策支持。回顾我国城市群建设发展史，不难发现，国家先后出台了一系列经济区发展规划。2007年12月，国务院正式批准了武汉都市圈和长株潭城市群的规划建设文件，将其作为“全国资源节约型和环境友好型社会建设综合配套改革试验区”。2008年1月，国务院正式批准实施了《广西北部湾经济区发展规划》，其目标就是要把广西北部湾城市群建设成为我国经济增长第四极。随后，长三角地区、珠三角地区、成渝城市群、中原城市群等也先后通过了各自的《经济区发展规划》。这些纲领性文件作为针对城市群建设的政策集合体，在推进各城市经济增长的同时，是否有利于城市群内部的协调发展？经济区发展规划对于城市群建设是否存在区域异质性等？这些问题引起了我们的深思。

实现区域协调发展，其涉及效率和公平两个维度，不仅关注地区经济增长，也关注地区不均等问题。基于此，本章节将探讨经济区发展规划与区域协调发展之间的关系，并试图从以下三个方面寻求突破。一是既有的研究大多是从城市地理学的角度切入，鲜有从经济学角度切入去研究政府制定的政策在城市群建设中所扮演的角色问题。本章节研究发现，政府制定的经济区发展规划对于城市群的协调发展作用效果显著。二是考虑经济区发展规划对于城市群协调发展的作用机理较为复杂，本章节尝试从物质资本、外商直接投资、人力资本、财政支出的视角实证分析经济区发展规划的作用机理。研究结果表明，城市群内的发展规划使物质资本存量多、外商直接投资少、政府干预程度低的地区获益更多。三是考虑到区域异质性问题，不同的经济区发展规划对城市群协调发展的影响效果和作用机理可能有所差异。本章节以不同地区的城市群为研究对象，探讨了经济区发展规划对不同城市群的作用机理。研究发现，不同城市群下经济区发展规划的作用机理不一。

## 4.1 相关文献综述

城市群作为推进国家城市化快速发展的重要形态之一，是国家经济快速增长的重要载体。关于城市群理论的研究最早可追溯到埃比尼泽·霍华德（Ebenezer Howard）① 于1978年提出的关于中心城市由若干田园城市环绕的社会城市构想，后经戈德曼（Gottmann）② 等人不断完善和发展，逐渐理论化和系统化。

城市群作为一个众多城市组成的经济集聚体，其集聚效应虽能促进城市群内部的就业以及人口规模的增长（Ali et al.，2011；Lavesson，2017），但也会导致城市群内的经济差距问题（Lee et al.，2013）。从地区差距的成因来看，学者们也是看法不一。如格莱泽（Glaeser，2008）指出城市群内部经济差距的产生主要是由于人力资本的分布不均所致。拥有相对发达公共服务（房价、教育）体系的城市能吸引周边公共服务欠发达城市的人力资本向其聚集，从而引致区域经济不平等发展。华莱士（Wallace，2012）认为全球化导致的资本分布不均也能导致城市群内经济发展差距。库姆斯等（Combes et al.，2008）指出产业集聚水平也是造成城市群间经济差距的重要原因，两者之间呈现倒“U”型关系。当然，城市群在作为经济增长重要载体的同时，也因城市群的扩张带来一系列的社会问题，如交通拥堵、人口激增引致的贫困等。吉恩（Jin，2017）在研究都市圈交通拥堵问题时指出，城市群内的交通拥堵不利于居民收入水平的提高以及城市就业规模的扩大，但缓解交通拥堵的政策

① Howard E. Jin Jingyuan trans. Garden Cities of Tomorrow [M]. Beijing: The Commercial Press, 2000.

② Gottmann J. Megalopolis or the urbanization of the northeastern Seaboard [J]. Economic Geography, 1957, 33 (3).

措施却能为就业增长和居民收入水平的增加带来正向的经济效益。除了交通拥堵问题，大都市圈的人口激增也容易进一步引发贫困问题（Fodor，2012）。

事实上，为了避免或减轻城市群扩张产生的负面影响，学者们尝试从政府规划的视角研究城市群的可持续发展问题。霍顿（Haughton，2004）指出政府的区域规划已经从过去单纯的土地规划发展到了为实现区域可持续发展目标而设计的综合性规划，涉及社会、经济、环境等方方面面，横跨社会各团体、政府各部门、区域内各城市。瓦普韦拉（Wapwera，2013）发现城市群内的城镇化以及由此引起的一系列问题都能通过合理的城市群规划来得到有效的控制。朱谦（2013）从城市社会经济发展角度出发，王萌等（2017）从城市整体空间布局的合理性和有序发展的角度出发，强调了政府规划对于引导城市健康发展的重要性。政府规划不仅有利于提高土地的利用效率，防止城市无序扩张（Gong et al.，2014），还有利于营造良好的社会环境和生态环境，提高公共基础设施投资水平，缓解人口压力，减少环境污染等（Adhvaryu，2011）。此外，政府的总体规划还能平衡各产业部门的利益，促使各个产业部门通过分工协作实现均衡发展（Zhu，2013）。而政府的总体规划对于城市群空间结构的塑造和扩张模式的选择也起着决定性作用（Stanilov，2012）。这意味着政府规划作为一系列政策的集合体，不仅有利于城市群的经济增长，也将改善城市群建设引发的经济社会问题，如拥堵问题、不平等问题等。换言之，政府规划将有利于改进效率、提升公平，实现区域协调发展。

我国关于城市群的研究起步较晚，目前大多数研究主要集中在城市群的起源流变（李仙德；2012）、城市群的范围识别（Liu et al.，2010；王丽等，2013）、城市群的空间功能分工（赵勇和白永秀，2012）以及城市群经济增长动力（吴福相，2008）等方面。与国外城市群的自然发展不同，我国城市群的发展受国家政府的宏观调控政策影响较大，不少学者也对此问题展开研究。赵勇等（2015）基于政府干预、城市群空间功能分工与地区差距三者间的关系研究时发现，政府干预对空间功能分工的地区差距效果不一。罗杭等（2015）通过构建多智能体仿真模型模拟验证了行政与激励调控措施对城市群政策协调演化的动态影响。刘乃全等（2017）在对长三角地区城市群的扩容政策进行了实证研究时，发现城市群的扩容政策能促进原位城市和新增城市的经济增长。

基于上述分析，不难发现，城市群的建设需兼顾效率和公平，而区域协调发展正好考虑了增长和不平等两个维度（邵宜航等，2011）。目前，关于区域协调发展的相关研究仍以定性研究为主，缺乏相应的规范分析（张勋等，2016）。关于城市群建设中的效率或公平问题虽有所涉及，但鲜见实证分析城市群如何实现协调发展，遑论经济区发展规划在城市群实现协调发展中的作用。

## 4.2 计量模型的设定

### 4.2.1 计量模型的构建

本章节以六大国家级城市群为研究对象，通过构建与国家级城市群相匹配的城市样本来重点考察经济区发展规划出台这一政策事件对城市群协调发展的影响，并试图分析其差异性原因及其作用机理。

事实上，政策对于经济增长的作用效果不言而喻。在政策执行期间，经济增长的变化主要源自两个方面：一方面是“不可观测效应”，即自然增长受到其他变量的影响；另一方面是“事件处理效应”，即本章节所研究的经济区发展规划的影响。为了捕捉政策这一事件对经济增长的净效应，我们将采用基于自然选择实验的双重差分模型（DID 方法）进行因果推断。双重差分模型的应用需要满足“平行性”假设前提，即处理组和控制组的变化趋势在事件发生前后应基本保持一致，但在现实生活中，由于事件执行对象的选择会具有一定的偏向性，使得这一假定难以得到满足。赫克曼（Heckman，1976）和罗森鲍姆等（Rosenbaum et al.，1983）提出的倾向得分匹配法，通过选择一组与处理组变化趋势尽可能接近的控制组样本，从而基本满足 DID 模型的前提假设，同时消除选择性偏差问题。所以 PSM 与 DID 的有机结合将更为准确的估算经济区发展规划出台这一事件对于城市群经济增长的影响，其基本模型如下：

$$PGDP_{it}^{psm} = \alpha_0 + \alpha_1 PLAN_{it} + \alpha_2 PGDP_{i,t-1} + \alpha_4 X_{it} + \varepsilon_{it} \quad (4-1)$$

其中，*PGDP* 表示经济增长，*PLAN* 为经济区发展规划出台的虚拟变量，*X* 为影响经济增长的一组控制变量，$\varepsilon$ 为随机扰动项，PSM 上标表示经过倾向得分匹配之后进行的 DID 模型估计。

城市群是否实现了协调发展，实质就是要判断在一定条件下，经济相对发达的城市是否积极带动了经济欠发达城市的发展；而经济欠发达城市是否通过后发优势，逐渐赶超经济相对发达的城市。目前，关于协调发展的实证研究相对较少，国内外学者主要从经济趋同性的角度去研究，通过绝对收敛与条件收敛性分析，得出我国城市同时存在两种形式的收敛（徐现祥，2004）。但经济趋同模型未能很好地将事件虚拟变量纳入模型，以期解释条件趋同现象。为了弥补协调发展实证研究领域的空缺，张勋（2016）提出了一个能同时考察增长和均等的协调发展分析框架，其基本模型如下：

$$PGDP_{it} = \alpha_0 + \alpha_1 PLAN_{it} + \alpha_2 PGDP_{i,t-1} + \alpha_3 PGDP_{i,t-1} \times PLAN_{it} + \alpha_4 X_{it} + \varepsilon_{it} \quad (4-2)$$

当事件虚拟变量 $PLAN=1$ 时，即实施事件：

$$E(PGDP_{it} \mid PLAN_{it} = 1) = \alpha_0 + \alpha_1 + \alpha_2 PGDP_{i,t-1} + \alpha_3 PGDP_{i,t-1} + \alpha_4 X_{it} + \varepsilon_{it} \quad (4-3)$$

当事件虚拟变量 $PLAN=0$ 时，即未实施事件：

$$E(PGDP_{it} \mid PLAN_{it} = 0) = \alpha_0 + \alpha_2 PGDP_{i,t-1} + \alpha_4 X_{it} + \varepsilon_{it} \quad (4-4)$$

因此，实施事件所引起的变化为：

$$\begin{aligned}\Delta PGDP_{it} &= E(PGDP_{it} \mid PLAN_{it} = 1) - E(PGDP_{it} \mid PLAN_{it} = 0) \\ &= \alpha_1 + \alpha_3 PGDP_{i,t-1} \end{aligned} \quad (4-5)$$

其中，$\alpha_1$ 表示在其他条件不变时，该事件对于经济增长的影响。而 $\alpha_3 PGDP_{i,t-1}$ 衡量了经济增长的滞后一期通过事件 *PLAN* 对当期经济增长的影响，若 $\alpha_3>0$，则表示上一期经济增长高的城市从事件中获益更多，从而导致经济差距拉大；若 $\alpha_3<0$，则表示上一期经济增长低的城市从事件中获益更多，从而缩小了地区经济差距。所以判断地区是否实现了协调发展，主要考察 $\alpha_1$ 与 $\alpha_3$ 的系数正负值。

### 4.2.2 变量说明和数据来源

被解释变量（PGDP）的选取，本章节利用人均实际 GDP 衡量经济增长，考虑到中国城市行政区划在 2000 年以前波动较大，故本章节选定 2000 年作为折算基期。

核心解释变量包括：虚拟变量（*PLAN*），其表示当城市 i 在 t 年实施《经济区发展规划》时，$PLAN_{it}=1$；若未实施，则 $PLAN_{it}=0$。

控制变量的选取则包含物质资本（*PKC*）、外商直接投资（*FDI*）、人力资本（*HR*）、财政支出（*GOV*）。其中物质资本采用人均物质资本存量来衡量，具体计算公式参考张军（2004）的算法，即 $K_{it}=K_{i,t-1}(1-\delta_t)+I_{it}$。其中，$\delta$ 为资本形成总额的折旧率，本章节设定为 9.6%；$I$ 为利用固定资本形成价格平减后得出的当年固定资本形成总额；而基期 K 则利用 2000 年固定资本形成总额除以 10% 以后得出。外商直接投资（*FDI*）用外商直接投资额占 GDP 的比重来衡量。其中，外商直接投资额兑换汇率采用美元兑换人民币年平均汇率，同时利用居民消费价格指数进行折算。人力资本（*HR*）利用城市人口的受教育年限来衡量，其中小学、普通中学①、普通高等学校对应的折算年份为 6 年、10.5 年、16 年。财政支出（*GOV*）利用政府公共支出额占 GDP 的比重来衡量。

本章节以 2005～2014 年实施国家《经济区发展规划》的六大国家级城市群为研究对象②，重点考察《经济区发展规划》对于城市群协调发

① 初中采用 9 年折算，高中采用 12 年折算，考虑到部分年份数据仅列示普通中学在校人数，故采用两者的平均值 10.5 年计算。

② 考虑到规划的效果的时滞性，实施规划的时间在 6 月 30 日以后的，统一往后顺延一年。

展的影响。考虑数据的可获得性，本章节最终保留了 269 个城市基础样本。数据主要来源于历年的《中国统计年鉴》《中国城市统计年鉴》、各省统计年鉴和各市统计年鉴等。表 4－1 列示了上述变量的定义说明与统计描述。

**表 4－1　　变量定义说明和统计性描述**

| 变量名 | 变量解释 | 均值 | 标准差 | 最大值 | 最小值 | 观察值 |
|---|---|---|---|---|---|---|
| *PGDP* | 人均实际 GDP（万元） | 1.043 | 0.733 | 6.285 | 0.149 | 2690 |
| *L. PGDP* | 滞后一期人均实际 GDP（万元） | 1.027 | 0.749 | 6.285 | 0.148 | 2690 |
| *PLAN* × *L. PGDP* | 规划虚拟变量与滞后一期人均实际 GDP 交互项（万元） | 0.198 | 0.578 | 4.580 | 0.000 | 2690 |
| *PLAN* | 虚拟变量，已经实施＝1；尚未实施＝0 | 0.146 | 0.353 | 1.000 | 0.000 | 2690 |
| *PKC* | 人均物资资本（万元） | 6.654 | 6.421 | 62.282 | 0.066 | 2690 |
| *FDI* | 外商直接投资额占 GDP 的比重 | 0.047 | 0.050 | 0.397 | 0.000 | 2690 |
| *HR* | 受教育平均年限占总人口数 | 1.613 | 0.597 | 5.080 | 0.000 | 2690 |
| *GOV* | 财政支出占 GDP 的比重 | 0.158 | 0.099 | 1.936 | 0.000 | 2690 |
| *PLAN* × *PKC* | 规划虚拟变量与人均物资资本交互项（万元） | 1.639 | 4.958 | 39.027 | 0.000 | 2690 |
| *PLAN* × *FDI* | 规划虚拟变量与外商直接投资交互项 | 0.011 | 0.033 | 0.260 | 0.000 | 2690 |
| *PLAN* × *HR* | 规划虚拟变量与人力资本交互项 | 0.282 | 0.749 | 5.080 | 0.000 | 2690 |
| *PLAN* × *GOV* | 规划虚拟变量与财政支出交互项 | 0.022 | 0.057 | 0.675 | 0.000 | 2690 |

## 4.3　实证分析

### 4.3.1　PSM 倾向得分匹配

为了消除选择性偏误对于模型估计结果的影响，在进行模型估计之前，本章节先对269个基础样本进行PSM倾向得分匹配分析。由于不同城市群颁布规划的时间有所差异，本章节参考海曼等（Heyman et al.，2007）的做法，采用逐年最邻近匹配的方法为不同的处理组样本匹配合适的控制组样本，在完成匹配后最终保留了175个样本城市。

图4－1反映的是处理组和控制组进行倾向匹配得分后绘制的核密度函数曲线①。从图4－1（a）不难发现，在核匹配之前，处理组分布较为分散，而控制组明显偏左且分布较为集中，这表明两组样本城市之间的异质性明显。从图4－1（b）中可以看出，经过匹配后，处理组与控制组的概率密度分布变化趋势已基本趋于一致，明显优于匹配前。这表明匹配后的处理组和控制组样本城市的各方面特征已基本相同，已经基本消除了样本的选择性偏差。

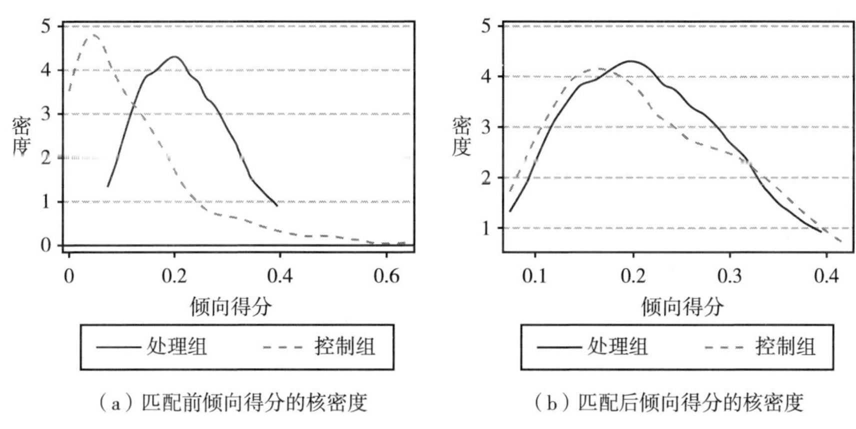


（a）匹配前倾向得分的核密度

（b）匹配后倾向得分的核密度

**图4－1　最邻近倾向得分匹配前后处理组和控制组倾向得分值与核密度分布对比**

而由表4－2的检验结果可以得知PSM平行性假设也得到了满足②，这表明本章节估计结果可靠性较高。

① 以中原城市群匹配结果为例说明。

② Rosenbaum和Rubin（1983）认为当匹配变量标准偏误控制在20%以内时，匹配效果可靠。

表 4 - 2　　倾向得分匹配平行性假设的检验结果

| 变量 | 匹配情况 | 平均值 | | 标准偏差（%） | 标准偏差减少幅度（%） | t 统计量 | t 检验 p > t |
|---|---|---|---|---|---|---|---|
| | | 处理组 | 控制组 | | | | |
| *PKC* | 匹配前 | 5.5686 | 8.5091 | -59.9 | 76.5 | -2.35 | 0.020 |
| | 匹配后 | 5.5686 | 6.2584 | -14.1 | | -1.03 | 0.309 |
| *GOV* | 匹配前 | 0.15976 | 0.1998 | -47.1 | 63.1 | -1.84 | 0.067 |
| | 匹配后 | 0.15976 | 0.1449 | -17.4 | | 1.17 | 0.247 |

### 4.3.2 经济区发展规划促进区域协调发展效应分析

考虑经济增长的动态依赖性，本章节将经济增长的滞后一期也作为解释变量，构建动态面板模型进行分析。同时，为了考察经济区发展规划是否促进了区域的协调发展，我们引入了经济区发展规划虚拟变量与经济增长滞后一期的交互项。由于物质资本、人力资本、财政支出水平等与经济增长之间可能存在内生性问题，故本章节采用系统广义矩估计法（SYS - GMM）进行估计。表 4 - 3 结果显示，AR（2）大于 0.1，不存在序列自相关；Hansen 检验值表明工具变量有效。从表 4 - 3 的计量结果可以看出，逐一引入控制变量后，主要解释变量的系数显著性并未发生较大变化，说明估计结果稳健可靠。

表 4 - 3　　经济区发展规划对协调发展影响的动态面板回归结果

| 变量：*PGDP* | 模型 1 | 模型 2 | 模型 3 | 模型 4 | 模型 5 |
|---|---|---|---|---|---|
| *L. PGDP* | 0.760 ***<br>(72.0) | 0.906 ***<br>(15.58) | 0.916 ***<br>(12.61) | 0.880 ***<br>(12.27) | 0.860 ***<br>(12.81) |
| *PLAN* × *L. PGDP* | -0.513 ***<br>(-2.62) | -0.666 **<br>(-2.29) | -0.288 ***<br>(-3.11) | -0.318 ***<br>(-3.31) | -0.317 ***<br>(-3.60) |
| *PLAN* | 0.728 ***<br>(2.96) | 0.793 **<br>(2.22) | 0.341 ***<br>(2.87) | 0.345 ***<br>(2.90) | 0.347 ***<br>(3.25) |
| *PKC* | | 0.021 ***<br>(2.88) | 0.007<br>(1.09) | 0.006<br>(1.04) | 0.007<br>(1.27) |

续表

| 变量：*PGDP* | 模型1 | 模型2 | 模型3 | 模型4 | 模型5 |
|---|---|---|---|---|---|
| *FDI* | | | 1.504***<br>(1.82) | 1.185<br>(1.62) | 1.193*<br>(1.70) |
| *HR* | | | | 0.173***<br>(3.32) | 0.174***<br>(2.98) |
| *GOV* | | | | | −0.285*<br>(−1.82) |
| *Constant* | 0.265**<br>(2.53) | −0.007<br>(−0.10) | −0.011<br>(−0.19) | −0.227*<br>(−1.88) | −0.178<br>(−1.38) |
| Hansen检验 | 0.325 | 0.648 | 0.326 | 0.305 | 0.441 |
| AR（1） | 0.001 | 0.001 | 0.002 | 0.002 | 0.002 |
| AR（2） | 0.244 | 0.261 | 0.470 | 0.229 | 0.236 |
| *Obs* | 1750 | 1750 | 1750 | 1750 | 1750 |

注：括号中的值为$t$值；***、**、*分别表示在1%、5%和10%水平下显著。从表4-3中AR（1）与AR（2）检验结果来看，模型不存在序列自相关，同时Hansen的检验结果说明模型选择的工具变量有效。

从表4-3的估计结果来看，经济区发展规划的估计系数显著为正，说明经济区发展规划的实施有利于城市群内生产要素的充分自由流动，要素的集聚将有利于城市群内的分工与协作，进而促进经济增长。经济增长滞后一期的系数在1%的水平下显著为正，这表明我国的经济增长具有明显的惯性，即上一期的经济增长水平会影响到当期的经济增长。经济区发展规划虚拟变量与经济增长滞后一期的交叉项系数在1%的水平下显著，且两者呈现负相关关系，说明上一期经济水平较高的城市从规划中的获益要小于上一期经济水平较低的城市，从而促使区域经济差距的缩小。外商直接投资、人力资本的估计系数分别在10%和1%的水平下显著为正，说明外商直接投资的增加以及人力资本的聚集显著促进了地区的经济增长。政府财政支出估计系数显著为负，这意味着政府财政支出比重的增加对社会资本的投资产生了一定的挤出效应，在一定程度上会抑制地区经济增长。

接下来，为了进一步考察不同经济区发展规划促进区域协调发展的异质性问题，我们将分别从长三角城市群、珠三角城市群、中原城市群、长江中游城市群、成渝城市群、北部湾城市群六大城市群加以分析，具体的估计结果如表4-4所示。

**表4-4　不同城市群的经济区发展规划对协调发展的动态面板回归结果**

| 变量：*PGDP* | 模型1 | 模型2 | 模型3 | 模型4 | 模型5 | 模型6 |
|---|---|---|---|---|---|---|
| | 长三角城市群 | 珠三角城市群 | 中原城市群 | 长江中游城市群 | 成渝城市群 | 北部湾城市群 |
| *L. PGDP* | 0.987***<br>(6.54) | 0.795**<br>(2.62) | 0.803***<br>(3.93) | 1.145***<br>(22.87) | 1.037***<br>(11.57) | 1.021***<br>(9.81) |
| *PLAN* × *L. PGDP* | -1.499***<br>(-2.87) | -0.679*<br>(-1.74) | -0.521**<br>(-2.23) | -0.549***<br>(-3.75) | -0.955**<br>(-2.14) | -0.352**<br>(-2.92) |
| *PLAN* | 3.407***<br>(2.85) | 1.386*<br>(1.75) | 0.223<br>(1.33) | 0.768**<br>(3.31) | 0.741**<br>(2.36) | 0.237**<br>(2.91) |
| *PKC* | -0.0003<br>(-0.02) | 0.006<br>(0.26) | 0.027**<br>(2.10) | -0.011***<br>(-2.75) | -0.0004<br>(-0.05) | 0.015**<br>(2.18) |
| *FDI* | 4.369**<br>(2.45) | 4.454**<br>(2.54) | -2.736<br>(-0.48) | -0.054<br>(-0.06) | 0.165<br>(0.24) | -0.928<br>(-1.20) |
| *HR* | 1.578<br>(1.44) | 0.029<br>(0.13) | 0.148<br>(0.18) | 0.148**<br>(2.17) | 0.505<br>(1.64) | -0.049*<br>(-1.85) |
| *GOV* | -0.088<br>(-0.36) | -3.511<br>(-0.83) | 0.157<br>(0.11) | -0.103<br>(-1.07) | -0.200*<br>(-1.83) | -0.397<br>(-1.65) |
| *Constant* | -0.690*<br>(-1.77) | 0.199<br>(0.24) | 0.138<br>(1.58) | -0.306**<br>(-2.31) | -0.059<br>(-1.04) | 0.109*<br>(2.00) |
| Hansen检验 | 0.617 | 0.620 | 0.524 | 0.437 | 0.181 | 0.148 |
| AR（1） | 0.029 | 0.220 | 0.012 | 0.034 | 0.002 | 0.008 |
| AR（2） | 0.102 | 0.481 | 0.118 | 0.371 | 0.147 | 0.131 |
| *Obs* | 390 | 230 | 640 | 390 | 450 | 140 |

注：括号中的值为*t*值；***、**、*分别表示在1%、5%和10%水平下显著。从表4-4中AR（1）与AR（2）检验结果来看，模型不存在序列自相关，同时Hansen的检验结果说明模型选择的工具变量有效。

从表4－4的估计结果来看，除中原城市群外，其他国家级城市群的经济区发展规划虚拟变量系数都显著为正，但所有国家级城市群的交叉项系数均显著为负，这表明除中原城市群外的其他国家级城市群均因经济区发展规划促进了地区的协调发展。中原城市群的经济区发展规划对经济增长的直接作用效果不显著，可能主要在于其经济区发展规划出台时间较晚，政策效果的发挥尚需时日。

### 4.3.3 经济区发展规划对城市群经济增长影响的作用机理

考虑城市群内部以及不同城市群作用效果的差异性，接下来我们将进一步分析经济区发展规划对城市群经济增长的作用机理，探讨其差异性的深层次原因。参考张勋和万广华（2016）的做法，本章节将通过引入经济区发展规划与其他控制变量的交互项，定量分析经济区发展规划对城市群经济增长的作用机理。

$$PGDP_{it}^{psm} = \alpha_0 + \alpha_1 p_{it} + \alpha_2 PGDP_{i,t-1} + \alpha_3 PGDP_{i,t-1} \times PLAN_{it} + \alpha_4 X_{it} + \alpha_5 X_{it} \times PLAN_{it} + \varepsilon_{it} \quad (4-6)$$

表4－5的估计结果显示，在控制了主要解释变量与控制变量后，经济区发展规划与物质资本的交互项系数显著为正，说明物质资本存量较高的地区从经济区发展规划中获益更多，这意味着城市群的规划建设强化了物质资本投资对经济增长的促进作用，一定程度上扩大了地区经济差距。而经济区发展规划与外商直接投资的交互项系数、经济区发展规划与财政支出的交互项系数都显著为负，说明经济区发展规划使得外商直接投资、财政支出水平较低的地区获益更多。究其原因，可能是由于城市群的规划建设加速了资本的跨区流动，同时抑制了财政支出对于社会资本的挤出效应，城市群内经济发展水平较低的城市充分享受了发达城市的溢出效应，同时又未受发达城市规模不经济的影响，进一步缩小了城市群内的经济发展差距（Phelps，2001）。

表4-5　经济区发展规划对城市群经济增长影响的作用机理回归结果

| 变量：*PGDP* | 模型1 | 模型2 | 模型3 | 模型4 |
| --- | --- | --- | --- | --- |
| *L. PGDP* | 1.052***<br>(9.62) | 0.853***<br>(11.82) | 0.860***<br>(12.68) | 1.207***<br>(11.28) |
| *PLAN*×*L. PGDP* | -0.559***<br>(-4.46) | -0.268***<br>(-3.33) | -0.257**<br>(-2.33) | -0.660***<br>(-5.58) |
| *PLAN* | 0.452***<br>(4.58) | 0.391***<br>(3.34) | 0.708***<br>(3.15) | 1.624***<br>(3.30) |
| *PKC* | -0.007<br>(-0.84) | 0.008<br>(1.50) | 0.007<br>(1.19) | -0.011<br>(-1.25) |
| *FDI* | 1.446**<br>(2.45) | 1.258**<br>(2.11) | 1.301*<br>(1.80) | 1.314**<br>(2.04) |
| *HR* | 0.159***<br>(3.24) | 0.174***<br>(3.02) | 0.240***<br>(3.37) | -0.0001<br>(-0.00) |
| *GOV* | -0.026<br>(-0.13) | -0.285*<br>(-1.77) | -0.376**<br>(-2.34) | 0.823<br>(1.59) |
| *PLAN*×PKC | 0.021**<br>(2.39) | | | |
| *PLAN*×FDI | | -1.564**<br>(-2.27) | | |
| *PLAN*×HR | | | -0.240<br>(-1.55) | |
| *PLAN*×GOV | | | | -5.413**<br>(-2.19) |
| *Constant* | -0.316***<br>(-2.66) | -0.179<br>(-1.42) | -0.71**<br>(-2.02) | -0.307**<br>(-2.11) |
| Hansen 检验 | 0.131 | 0.391 | 0.360 | 0.363 |
| AR（1） | 0.005 | 0.003 | 0.001 | 0.006 |
| AR（2） | 0.169 | 0.266 | 0.247 | 0.417 |
| *Obs* | 1750 | 1750 | 1750 | 1750 |

注：括号中的值为 *t* 值；***、**、*分别表示在1%、5%和10%水平下显著。从表4-5中AR（1）与AR（2）检验结果来看，模型不存在序列自相关，同时Hansen的检验结果说明模型选择的工具变量有效。

考虑不同城市群作用机理的差异性，表4-6反映的是不同城市群的经济区发展规划与控制变量交互项系数$\alpha_5$的估计结果[①]。

**表4-6　分区域情况下经济区发展规划对城市群经济增长作用机理回归结果**

| 地区 | 模型1 | 模型2 | 模型3 | 模型4 |
|---|---|---|---|---|
| | *PLAN×PKC* | *PLAN×FDI* | *PLAN×HR* | *PLAN×GOV* |
| 长三角城市群 | 0.048***<br>(3.14) | -3.710*<br>(-1.96) | 0.202<br>(0.60) | -9.586*<br>(-1.90) |
| 珠三角城市群 | 0.009<br>(0.43) | -9.879***<br>(-2.99) | 0.216<br>(0.76) | -10.309*<br>(-1.78) |
| 中原城市群 | 0.193**<br>(2.11) | 14.485**<br>(2.32) | 1.955<br>(0.91) | -9.323<br>(-1.59) |
| 长江中游城市群 | 0.025*<br>(1.90) | 5.803**<br>(2.04) | -0.314<br>(-1.36) | -2.547**<br>(-2.29) |
| 成渝城市群 | 0.015<br>(1.13) | 1.718<br>(1.25) | 0.594**<br>(2.25) | -0.546*<br>(-1.71) |
| 北部湾城市群 | 0.013<br>(-0.46) | -2.269**<br>(-2.31) | -0.204<br>(-1.01) | 1.202<br>(0.86) |

注：括号中的值为$t$值；***、**、*分别表示在1%、5%和10%水平下显著。

从表4-6的估计结果表明，不同城市群下经济区发展规划的作用机理存在一定的差异性。具体来说：长三角城市群中物质资本投资越多的地区获益越多，而外商直接投资水平越高、财政支出水平越高的地区获益反而更小。长三角城市群的经济发展水平较高，经济区发展规划的实施有利于物质资本的加速投资，进而拉大城市群内的经济差距；而经济区发展规划的实施在吸引外商直接投资、增大政府支出的同时，可能也因此而挤压了该地区民营经济的发展空间，进而不利于这类地区的经济增长，缩小与外商直接投资较小、政府干预较弱地区间的经济差距。珠三角城市群中外商直接投资和财政支出越高的地区获益更小，其原因可

① 表4-6的估计结果AR（2）与Hansen检验值均大于0.1，说明不存在序列自相关，且工具变量有效。限于篇幅原因，模型1~4仅显示了公式（4-6）中$\alpha_5$的估计结果。

能在于珠三角城市群内外商直接投资水平低的地区能在资本跨区流动中充分享受外商直接投资水平高的地区的溢出效应，而政府对于市场干预程度较低的地区也能更好地实施经济区发展规划，最终实现协调发展。中原城市群中物质资本投资越多、外商直接投资水平越高的地区获益更多，这可能与中原城市群的经济发展水平有关。长江中游城市群中物质资本投资越多、外商直接投资水平越高的地区获益更多，而财政支出水平越高的地区反而获益更小。这表明对于长江中游城市群而言，经济区发展规划强化了物质资本投资和外商直接投资对于经济增长的促进作用，而政府干预程度较低的地区却能更好地实现协调发展。成渝城市群中人力资本投资越集聚、政府干预程度越低的地区获益越多，这表明人力资本集聚效果越明显、政府干预越少的地区越容易在经济区发展规划中促进地区经济增长。北部湾城市群中外商直接投资水平越高的地区获益更小，这与长三角城市群、珠三角城市群情况类似。

## 4.4 本章小结

城市群是城市发展到高级阶段的新型空间组织形式。近些年来，我国城市群的建设进展迅速，其中长三角城市群、珠三角城市群、京津冀城市群已经一跃成为世界级的城市群，珠三角城市群更是已经超越日本东京，成为了世界人口和面积最大的城市群。在经济新常态和区域经济一体化的背景下，城市群的建设被赋予了特殊的含义，它不仅关系新型城镇化与新型工业化的顺利推进，还关系区域区域协调发展的实现。本章节利用 2005～2014 年 269 个地级市基础数据，采用 PSM－DID 方法，从经济区发展规划促进区域协调发展的视角研究城市群的建设问题。研究结果表明：（1）从全国层面来看，经济区发展规划明显有利于地区的协调发展；（2）从各城市群内部来看，除中原城市群外，其他城市群的经济区发展规划均有利于实现区域协调发展；（3）从作用机理来看，城市群内的发展规划使得物质资本存量多、外商直接投资少、政府干预程度低的地区获益更多。从不同城市群来看，其作用机理存在明显差异性。

为进一步推进新型城镇化建设、促进新型工业化的优化升级，实现区域经济的协调发展，结合上面的研究结论，我们提出以下建议：（1）加强城市群内各城市间基础设施接驳，强化城市群内信息互联互通建设，提高城市群内物质资本存量水平和市场一体化程度。（2）制定针对性的政策，提高城市群政策的有效性，削弱政府干预的负面影响。政府应在注重城市群整体协同发展的同时，努力实现“区内协调，一市一策”。（3）加强城市群内的协调机制建设，促进外商资本的合理流动，建立利益共享机制。城市群内部城市不应各自为政，应在城市群经济共同增长的前提下，逐渐完善城市群内协调机制，实现城市群内利益共享。

# 第 5 章

# 高铁建设与运营对城市群协调发展的影响研究

高速铁路作为工业经济向知识经济过渡的产物（Chen，2012），是当代科技集成创新的重要体现，对世界交通运输史产生了重大影响。回顾世界铁路运输史，不难发现，高速铁路对发达国家沿线城市产生了深远影响，如日本新干线加速了日本太平洋沿岸城市群的形成、欧洲高铁推动了欧洲经济一体化等（Donaldson and Hornbeck，2016）。放眼中国，亦是如此。从 1997 年 4 月实施第一次铁路提速，到 2008 年 8 月第一条城际高速铁路——京津线的建成通车，此时，中国高铁营业里程数只有 671.5 公里，而铁路营业里程数近 8 万公里，高铁占比仅为 0.84%，2018 年高铁营业里程数近 3 万公里，而铁路营业里程数为 13 万公里，高铁占比达到 22.7%。十年间铁路新增里程数约为 5.2 万公里，其中高铁新增里程数为 2.9 万公里，增量贡献比达 56%，也就意味着新建铁路一半以上都是高铁[①]。截至 2019 年底，高速铁路“八纵八横”网络体系雏形逐步形成，高速铁路里程数成功跃居世界第一位。

城市群是区域经济一体化的空间布局体现，其发展程度决定了一个区域参与全国甚至全球竞争的能力，而高铁建设正是城市群加快形成和发展的框架基础。所以，从高铁网络的空间布局来看，城市群区域是高

① 数据来源于产业信息网，http：//www.chyxx.com/industry/202001/824711.html。

铁网络布局的重点，其中长三角城市群高铁里程数突破了 10 000 公里，京津冀城市群高铁里程数则突破了 8 000 公里，粤港澳大湾区则超过 2 000 公里，三大核心城市群高铁里程数占比超过 2/3①。具有“时空压缩效”应的高速铁路对于加强城市之间的经济联系，强化城市群经济建设，打破城际之间市场分割，重塑高铁城市与非高铁城市的利益分配格局具有举足轻重的作用。

中国高铁时代的来临，直接影响了人们的日常出行方式，也加强了城市间的经济联系。从高铁客运量上来看，2008 年高铁客运量仅为 734 万人次，十年后爆发式增长到 20.5 亿人次，高铁客运量在全客运市场的份额也从 2008 年不到 1% 提升至 2018 年的 11.5%，在铁路运输市场的份额则从 2008 年 0.5% 提升至 2018 年的 60.9%。2008 年高铁客运周转量为 15.6 亿人/公里，2018 年提升至 6 872 亿人/公里，高铁旅客的平均旅行距离从 212 公里提升到 335 公里，铁路旅客的平均旅行距离从 532 公里下降到 420 公里。高铁旅客的客运周转量占全市场客运周转量比重也从 1% 提升至 20%，占铁路客运周转量比重也从 0.2% 提升至 48.6%。高速铁路渐趋成为了人们出行的首选方式。高铁网络布局日臻完善。这种广覆盖方式将明显改善城市间的通达性，缩短时空距离，“天堑变通途”。那么，高速铁路在加强区域经济活动联系，尤其是城市群内各城市经济活动联系同时，是否促进了区域间协调发展，其作用机理又如何？

一般而言，交通基础设施投资往往被视为地区经济增长的重要工具和手段，而交通基础设施投资的区域分布不均也导致了区域间经济差距的不断扩大，学者们对此基本达成共识（Aschauer，1989；Qin，2016）。但实际上，高铁作为一项新兴的交通基础设施投资，其在经济发展中的作用仍存在争议。高铁对区域经济增长具有显著促进作用（Ahlfeldt and Feddersen，2015；王雨飞等，2016），但现无经验证据表明改进的可达性是否影响区域经济收敛或发散（Cheng et al.，2015）。在经济新常态和区

① 数据来源于产业信息网，http：//www.chyxx.com/industry/201903/723212.html。

域经济一体化的时代背景下，探究中国高铁建设和运营对经济趋同的作用效果，将对加强区域经济联系，兼顾效率和公平，实现区域经济协调发展具有重要的现实意义。

与既有的文献相比，本章节的主要贡献体现在以下三个方面。一是既有文献往往从高铁投资视角探讨其经济趋同效应，而本书将从高铁建设和运营的视角来研究其对经济趋同的影响。研究发现，中国城市间经济增长存在条件 β 收敛；与非高铁城市相比，城市的高铁的建设明显更为有利于地区经济增长，这将进一步拉大地区经济差距。而高铁运营的作用效果虽在高铁与非高铁城市间不明显，但却有利于缩小城市群内部高铁城市之间的经济发展差距。二是考虑到异质性问题的存在，本书以不同区域的高铁城市为研究对象，探讨高铁建设和运营的作用效果。研究发现，高铁建设与运营对经济增长具有明显的区域异质性。三是考虑到高铁建设和运营在传导途径上可能有所差异，本书探讨了高铁建设和运营的间接传导途径。研究发现，高铁建设期间，主要依靠固定资产投资和人力资本增加来拉动地区经济增长；而在高铁运营期间，则主要通过吸引外商投资和劳动力就业等途径带动地区经济增长。

## 5.1 相关文献综述

作为一种社会先行资本，基础设施建设是经济增长的重要前提条件，它对经济增长存在外部溢出效应或正外部性（Young，1928；Barro，1990）。近二十多年来，基础设施建设在中国获得了极大重视，推动了中国经济的高速增长。为此，学者们也开始纷纷研究基础设施建设对经济发展的影响。刘生龙等（2010）的研究发现，交通基础设施和信息基础设施对我国经济增长有显著的溢出效应。范欣等（2017）指出，基础设施建设将有利于推动区域市场整合；张学良（2012）的研究指出，中国交通基础设施建设对区域经济增长的空间溢出效应显著。事实上，在评价交通基础设施对经济增长的作用效果时，也不可忽视交通基础设施投资的空间分布不均对地区经济差距的影响。

近年来，随着高铁的大规模投资建设，高速铁路开始逐渐走进人们的日常生活，改变了人们的出行方式，调整了社会的就业结构，重塑了经济的空间布局（董艳梅和朱英明，2016）。但事实上，关于高铁对经济发展的作用效果，学者们也看法不一。部分学者认为高速铁路的建设可以通过扩大地区的投资规模，对经济增长产生显著地促进作用（Ahlfeldt and Feddersen，2015；Lin，2017；Ke，2017），但也有学者指出高铁的建设对经济增长的促进作用只有在长期来看才更加显著，短期内在中、西部地区效果并不明显（王会宗，2011）。政府的高铁投资项目也会对企业的市场投资产生挤出效应，不利于地区经济的快速增长，也不利于提高地区的增长趋同速度（张光南，2011）。高铁的建设往往还伴随着以牺牲小城市传统站点为代价[①]（Bullock，2012），小城市对外联系的通达性不升反降，开通高铁使大、小城市之间的经济差距进一步拉大（Qin，2016）。此外，高铁的到来使城市之间的时空距离不断缩短，区域内与区域间相对区位价值不断变化，要素的跨区流动日趋频繁，从而扩大或缩小了地区经济发展差距（Chen，2012）。

随着高铁网络的不断完善，城市间的可达性不断得以改善。城市可达性也逐渐成为了学者们研究高铁对沿线城市影响的一个重要指标，地区经济增长能否实现趋同取决于高铁线路对地区间交通通达性的影响（殷江滨等，2016）。尽管大多数学者都认为，高铁的运营能显著提高城市的通达性水平（Quan et al.，2011；Monzón，2013；李红昌，2016；Lin，2017），但是也有部分学者指出小城市高铁站点与城市中心接驳不完善，反倒会降低该城市的交通通达性（Chen，2012），此外，若将高铁的票价纳入通达性的测量，则地区的通达性水平是否得到提升就需要进一步验证（Shi and Zhou，2013）。

---

① 铁路提速或高铁开通以后反倒减少了原本小县城的传统铁路站点，从 1996 年的约 6100 个减少到 2009 年的 3000 个以下。

毋庸置疑，高铁项目作为一个系统性工程，不仅直接影响地区经济增长，也将通过多途径间接作用于经济增长。高速铁路能通过影响人力资本的流向，进而改变地区的就业结构。高速铁路也将影响城市的产业集聚，但这种关系将具有明显的区域异质性（Cheng et al.，2015）。当然，高铁的经济效应还取决于高铁城市与中心城市之间的距离，短距离通达性的改善更能显著促进经济增长和服务业就业水平的提升（Cheng et al.，2015；Lin，2017）。但是高铁在设立之初只是为了加强远距离中心城市之间的经济联系而存在，通过提高各大中心城市之间的市场一体化程度，从而缩小区域内的经济差距（Garmendia et al.，2012）。

综上所述，尽管学者们针对交通基础设施建设的经济效应展开了大量研究，但其重点仍在关注交通基础设施投资的经济效应。高铁作为近年来国家重点发展的交通基础设施，关于高铁对经济增长的作用效果，学者们的看法也是莫衷一是。在高铁是否有利于经济趋同方面的研究亦不多见，遑论从高铁建设和运营视角来研究其经济趋同效应。同时，我们也可发现，关于高铁对经济增长的间接传导途径仍缺乏系统性。

## 5.2 计量模型的设定

### 5.2.1 模型构建

本章节通过构建城市匹配样本来考察高铁项目的建设与运营对高铁城市及其周边城市经济趋同的影响。事实上，高铁项目作为交通基础设施建设的重要组成部分，其对地区经济增长的作用不言而喻。在高铁建设和运营期间，地区经济增长的变化主要来自两部分：一部分是“不可观测效应”，主要来自自然增长或其他变量影响；另一部分是“事件处理效应”，主要来自高铁项目的建设与运营这一事件。为了捕捉高铁建设和运营对地区经济增速的净效应，我们将采用基于自然选择实验的双重差分模型（DID 方法）进行因果推断。当然，双重差分模型的有效应用存在“平行假设”这一前提条件，即实验组和控制组在事件发生前的特征和趋势一致。但在现实生活中，国内城市间的异质性较大，很难实现时间趋势上的完全一致。为此，有必要采用倾向得分匹配法（PSM）来选择一组与实验组时间趋势尽可能相似的非高铁城市，以期消除样本偏差。DID 和 PSM 的有机结合不仅解决了样本偏差问题，也避免了因遗漏变量而产生的内生性问题，这将更为精准地估算高铁建设和运营对地区经济增速的影响。

地区经济是否实现趋同实质上就是在一定条件下，经济欠发达地区是否具有后发的赶超优势，缩小与经济相对发达地区的经济差距。目前，区域经济趋同性主要采用收敛性加以衡量，宏观经济学家往往采用 β 收敛这一形式[①]。本章节在保罗（Barro，1990）的经济趋同模型，将双重差分模型和倾向匹配方法融入其中。同时，考虑经济增长的“动态性”，将经济增长的滞后项引入其中，构建计量模型如下：

$$GR_{it} = +\alpha_1 GR_{it-1} + \alpha_2 PGDP_{it-1} + \alpha_3 CONST_{it}^{PSM} + \alpha_4 OPER_{it}^{PSM} + \alpha_5 X_{it} + \mu_i + \varepsilon_{it}$$

$$GR_{it} = \text{Log}(PGDP_{it}/PGDP_{it-1}) \tag{5-1}$$

式（5－1）表示通过 PSM 为高铁城市找出最佳匹配对象后，对实验组和对照组进行模型估计。其中，其中 $GR_{it}$ 表示各市的人均实际 GDP 增长率；$PGDP$ 为初始的人均实际 GDP；$CONST_{it}$ 表示城市 $i$ 在第 $t$ 年是否建设高铁的虚拟变量；$OPER_{it}$ 表示城市 $i$ 在第 $t$ 年是否开通高铁的虚拟变量；$X_{it}$ 是一组控制变量，包括物质资本、人力资本、外商投资、就业规模等；$\mu_i$ 为个体固定效应；$\varepsilon_{it}$ 为随机扰动项。

### 5.2.2 变量说明和数据来源

被解释变量（$GR$）的选取。在本章节中，被解释变量采用当年人均

① 收敛性主要包括两种形式：一种是 δ 收敛，其关注横截面上人均收入的方差或离散系数是否缩小；另一种是 $\beta$ 收敛，其表现为经济相对落后地区的经济增速超过经济相对发达地区，进而实现人均收入上接近后者。

实际GDP与上一年人均实际GDP比值的对数值进行分析。在基期的选择上，将以2000年为基期。

核心解释变量的选取。*CONST* 表示建设高铁的虚拟变量，如在建或建成高铁则 $CONST=1$，否则为0；*OPER* 表示是否开通高铁的虚拟变量，如开通高铁则 $OPER=1$，否则为0。为了进一步研究城市群内部高铁运营对区域协调发展的影响，下面还引入了城市群内高铁城市间的通达性（*ACC*），用于表示目标城市到其他城市交通便利程度，通常采用加权旅行时间 $w_{it}$ 的倒数值来表示，本章节参考（Shi and Zhou，2013）的做法，公式如下：

$$W_{it} = \sum_{j=1}^{n} M_{jt} T_{ijt} / \sum_{j=1}^{n} M_{jt}$$

$$M_{jt} = (GDP_{jt} \times Peo_{jt})^{1/2}$$

$$acc_{it} = 1/W_{it} \tag{5-2}$$

其中，$W_{it}$ 为城市 $i$ 在第 $t$ 年的加权平均旅行时间；$M_{jt}$ 表示城市 $j$ 在第 $t$ 年的权重值；$T_{ijt}$ 为城市 $i$ 在第 $t$ 年到城市 $j$ 的通行时间；$GDP_{jt}$ 表示城市 $j$ 在第 $t$ 年的实际GDP；$Peo_{jt}$ 为城市 $j$ 在第 $t$ 年的人口规模；$n$ 表示城市 $i$ 所在城市群开通高铁的城市数量。

主要控制变量的选取。人力资本（*HR*）是根据城市人口的受教育年限的对数值加以衡量，其中，文盲、小学、普通中学①、普通高等学校分别对应的折算年份为0年、6年、10.5年、16年。外商投资（*FDI*），采用外商直接投资额占GDP的比重来表示，汇率使用当年美元兑人民币的年平均汇率，并利用零售品价格指数进行折算。人均物质资本（*PKC*），采用人均物质资本存量进行表示，物质资本存量参考张军等（2004）的做法，本章节将采用“永续盘存法”进行估算，其公式为 $K_{it}=K_{it-1}(1-\delta_t)+I_{it}$。其中，$I$ 为当年的投资额，具体利用当年固定资本形成总额与固定资本形成价格平减指数计算得出。$\delta$ 为资本形成总额的折旧率，设

① 初中采用9年折算，高中采用12年折算，考虑到部分年份数据仅列示普通中学在校人数，故采用两者的平均值10.5年计算。

定为 9.6%。基期定为 2000 年，其中基期物质资本存量 $K$ 用各地区固定资本形成总额除以 10% 计算得出。就业规模（*EMP*），采用全市单位从业人员数进行测度。

考虑经济趋同中长期效应的存在，本章节以 2000 ~ 2014 年开通或建设高铁的城市为研究对象①，来考察 2000 ~ 2014 年高铁建设和运营对地区经济趋同的影响。在时间区间的选择上，考虑行政区划调整和数据可得性，我们将研究起点定位 2000 年②；基于此，本章节最终保留了 273 个城市作为基础样本。数据主要来源于历年《中国统计年鉴》、历年《中国城市统计年鉴》、历年《全国铁路列车时刻表》和 12306. com 网站中相关数据等。表 5 - 1 列示了上述变量的定义说明与统计描述。

**表 5 - 1　　变量定义说明和统计性描述**

| 变量名 | 变量解释 | 均值 | 标准差 | 最大值 | 最小值 | 观察值 |
|---|---|---|---|---|---|---|
| *GR* | 人均实际 GDP 增长率 | 0.010 | 0.041 | 0.249 | -0.393 | 3 360 |
| *L. GR* | 滞后一期人均实际 GDP 增长率 | 0.010 | 0.378 | 0.249 | -0.393 | 3 136 |
| *PGDP* | 人均实际 GDP（万元） | 0.912 | 0.705 | 6.284 | 0.183 | 3 360 |
| *CONST* | 高铁建设虚拟变量，在建或已建 =1；未建立 =0 | 0.168 | 0.374 | 1 | 0 | 3 360 |
| *OPER* | 高铁运营虚拟变量，开通 =1；未开通 =0 | 0.073 | 0.261 | 1 | 0 | 3 360 |
| *PKC* | 人均物资资本（万元） | 1.122 | 1.298 | 15.321 | 0 | 3 360 |
| *HR* | 受教育平均年限占总人口数 | 0.445 | 0.445 | 5.079 | 0 | 3 360 |
| *FDI* | 外商投资额占 GDP 的比重 | 0.039 | 0.047 | 0.526 | 0 | 3 360 |
| *EMP* | 单位从业人员数（万人） | 0.419 | 0.680 | 9.543 | 0 | 3 360 |
| *GACC* | 城市群高铁城市通达性增长率 | 0.061 | 0.193 | 1.858 | -0.073 | 1 110 |
| *PEO* | 人口规模（亿人） | 0.043 | 0.031 | 0.338 | 0 | 3 360 |

① 建设时间或开通时间在 6 月 30 日以后的，都递推到下一年。

② 基于第一条高铁线路秦沈线在 2000 年前建设，且城市行政区划变动较大，故予以剔除。

## 5.3 实证分析

### 5.3.1 样本匹配效果分析

为了确定高铁项目确实给地区经济趋同带来了外生冲击影响，我们对基础样本进行了 PSM 配对分析，以进一步确定高铁建设和运营这一事件与经济增长率之间的因果关系。基于 PSM 的平行假设和共同支撑假设前提，经 PSM 配对后，删除基础样本中未匹配成功的城市。随后，根据样本的倾向匹配得分，将实验组和控制组进行最邻近匹配，最终保留 224 个城市样本，其中实验组城市 73 个，对照组城市 151 个。

表 5－2 反映的是实验组和对照组进行倾向匹配得分后平行假设检验结果。从 PSM 平行性假设的检验结果可知，匹配后的协变量标准偏差的绝对值都小于 20%①，说明本章节选定的协变量符合平行假设。同时，也可发现匹配后的 t 统计量不显著，说明协变量在实验组与控制组之间不存在显著差别，这表明本章节估计结果具有较强的可靠性。

**表 5－2　　倾向得分匹配平行性假设的检验结果**

| 变量 | 匹配情况 | 平均值 | | 标准偏差（%） | 标准偏差减少幅度（%） | t 统计量 | t 检验 p>t |
|---|---|---|---|---|---|---|---|
| | | 处理组 | 控制组 | | | | |
| *FDI* | 匹配前 | 0.0527 | 0.0259 | 61.0 | 96.0 | 4.98 | 0.000 |
| | 匹配后 | 0.0429 | 0.0418 | 2.4 | | 0.14 | 0.888 |
| *EMP* | 匹配前 | 0.6155 | 0.2509 | 53.9 | 71.9 | 4.93 | 0.000 |
| | 匹配后 | 0.5460 | 0.4437 | 15.1 | | 0.76 | 0.451 |

① 罗森鲍姆和鲁宾（Rosenbaum and Rubin，1983）认为当匹配变量标准偏差值的绝对值在 20% 以内时，匹配效果可靠。在对所有控制变量进行 Logit 估计之后，剔除掉了不显著变量，仅保留显著的协变量 *EMP*、*FDI*。与董艳梅（2016）选取的影响高铁选择的协变量人口与对外开放程度变量基本保持一致，证明协变量选择可信。

### 5.3.2 高铁项目的建设与运营对经济趋同的动态分析

关于经济趋同这一主题的实证研究中，考虑到经济增长是一个持续动态的过程，即当期经济增长水平是当期影响因素和过去经济增长水平综合作用的结果，大多数文献均采用动态面板数据加以分析。基于此，本章节也将采用动态面板方法进行分析。在计量模型中，考虑经济增长的惯性特征，将人均GDP增长率的滞后一期纳入其中。由于被解释变量的滞后项被当作解释变量引入，可能与随机扰动项相关；同时，物质资本、人力资本等与经济增长之间可能存在双向因果关系。为此，本章节将采用广义矩估计法（GMM）。阿雷利亚诺和邦德（Arellano and Bond，1991）提出差分GMM估计方法，将差分方程中的滞后项视为工具变量来解决模型中内生性问题，但却容易产生弱工具变量等问题（Arellano and Bover，1990；Blundell and Bond，1998）。因此，本章节将采用系统GMM估计法进行估计。在工具变量的选择上，最多选择3阶滞后，并采用collapse技术限制其数量。

**1. 高铁城市与非高铁城市间的经济趋同效应分析**

表5－3反映的是不同设定条件下短期效应的回归结果。具体来说，模型1～模型6反映的是一年期逐一引入变量下高铁建设与运营对经济趋同的回归结果；为了进一步提高模型估计结果的稳健性，表5－4又进一步采用了系统GMM估计方法，不同变量组合下的计量模型均通过了相关检验，表明模型选择合理。AR（2）的结果显示，计量模型水平方程误差项不存在序列相关性。Hansen检验的结果表明工具变量的选择有效，约束条件不存在过度限制。从表5－3和表5－4可以看出，通过删减或增加变量，系数的估计结果显著性差异不大，表明结果具有较强的稳健性。

**表 5-3　一年期逐一引入变量下高铁建设与运营对经济趋同的模型回归结果**

| 变量：*GR* | 模型 1 | 模型 2 | 模型 3 | 模型 4 | 模型 5 | 模型 6 |
|---|---|---|---|---|---|---|
| *PGDP* | -0.060 ***<br>(-19.00) | -0.061 ***<br>(-19.41) | -0.065 ***<br>(-20.14) | -0.065 ***<br>(-20.22) | -0.064 ***<br>(-20.63) | -0.083 ***<br>(-21.28) |
| *CONST* | | 0.009 ***<br>(3.46) | 0.009 ***<br>(3.17) | 0.007 ***<br>(2.65) | 0.007 ***<br>(2.63) | 0.005 *<br>(1.67) |
| *OPER* | | -0.0001<br>(-0.02) | -0.001<br>(-0.36) | -0.001<br>(-0.35) | 0.00001<br>(0.00) | -0.005<br>(-1.52) |
| *FDI* | | | 0.126 ***<br>(12.41) | 0.125 ***<br>(5.20) | 0.124 ***<br>(5.16) | 0.085 ***<br>(3.51) |
| *HR* | | | | 0.005 *<br>(1.92) | 0.005 **<br>(2.20) | -0.005 *<br>(-1.88) |
| *EMP* | | | | | -0.006 **<br>(-2.37) | -0.007 ***<br>(-2.79) |
| *PKC* | | | | | | 0.008 ***<br>(8.23) |
| *Constant* | 0.064 ***<br>(21.91) | 0.064 ***<br>(22.04) | 0.063 ***<br>(21.42) | 0.056 ***<br>(12.41) | 0.057 ***<br>(12.59) | 0.084 ***<br>(15.13) |
| $R^2$ | 0.103 | 0.107 | 0.115 | 0.117 | 0.118 | 0.137 |
| F | 1.97 | 2.04 | 2.17 | 2.18 | 2.21 | 2.49 |
| Model | FE | FE | FE | FE | FE | FE |
| Obs | 3 360 | 3 360 | 3 360 | 3 360 | 3 360 | 3 360 |

注：括号中的值为 *t* 值；***、**、* 分别表示在 1%、5% 和 10% 水平下显著。

**表 5-4　不同变量组合下高铁建设与运营对经济趋同的模型回归结果**

| 变量：*GR* | 模型 1 | 模型 2 | 模型 3 | 模型 4 | 模型 5 | 模型 6 |
|---|---|---|---|---|---|---|
| *PGDP* | -0.060 **<br>(-2.04) | -0.074 ***<br>(-3.68) | -0.049 **<br>(-1.90) | -0.122 ***<br>(-3.74) | -0.087 *<br>(-1.96) | -0.099 **<br>(-2.32) |
| *CONST* | | 0.015 **<br>(2.23) | 0.148 ***<br>(2.68) | | | 0.232 **<br>(2.23) |
| *OPER* | | | | 0.404 ***<br>(4.04) | -0.0001<br>(0.00) | -0.194 **<br>(-2.04) |
| *FDI* | | | 2.298 ***<br>(4.63) | | 2.681 ***<br>(3.22) | 3.205 ***<br>(3.79) |

续表

| 变量：*GR* | 模型 1 | 模型 2 | 模型 3 | 模型 4 | 模型 5 | 模型 6 |
|---|---|---|---|---|---|---|
| *HR* | | | -0.018<br>(-1.21) | | 0.001<br>(0.03) | -0.064*<br>(-1.86) |
| *EMP* | | | -0.070<br>(0.86) | | -0.054<br>(-0.58) | 0.042<br>(0.50) |
| *PKC* | | | -0.021*<br>(-1.82) | | -0.010<br>(-1.15) | -0.014<br>(-1.47) |
| L. GR | -0.096<br>(-0.09) | 0.147<br>(1.56) | 0.176***<br>(2.62) | 0.205***<br>(3.85) | 0.327***<br>(3.84) | 0.188**<br>(1.98) |
| *Constant* | 0.067***<br>(3.29) | 0.076***<br>(4.01) | 0.017<br>(0.86) | 0.090***<br>(2.72) | 0.014<br>(0.68) | 0.041<br>(1.46) |
| Hansen 检验 | 0.932 | 0.284 | 0.123 | 0.571 | 0.165 | 0.546 |
| AR（1） | 0.630 | 0.000 | 0.000 | 0.000 | 0.000 | 0.000 |
| AR（2） | 0.720 | 0.110 | 0.500 | 0.863 | 0.402 | 0.895 |
| Model | 系统 GMM | 系统 GMM | 系统 GMM | 系统 GMM | 系统 GMM | 系统 GMM |
| Obs | 3 136 | 3 136 | 3 136 | 3 136 | 3 136 | 3 136 |

注：括号中的值为 $t$ 值；***、**、* 分别表示在 1%、5% 和 10% 水平下显著。

从表 5－3 的估计结果可以看出，人均物质资本在 1% 水平下显著正相关，这表明大规模的固定资产投资显著地促进了地区经济增长，但表 5－4 中，人均物质资产的回归系数又变得不显著，这有可能是因为人均物质资本与高铁的建设与运营之间存在相关性所致；表 5－3 和表 5－4 中外商直接投资在 1% 水平下显著，且与经济增长呈现正向关系，这意味着外商直接投资作为拉动地区经济增长的重要动力，不仅带来了资金上的支持，也提供了先进的技术和经验。作为一种“有效率的投资”，其将明显促进地区经济增长。表 5－3 和表 5－4 中人力资本回归系数效果不显著或是呈负相关，原因可能在于人才往往具有较强的流动性，其大多聚集在经济相对发达的城市，进而导致人力资本分布不均，不利于地区经济增长。

表 5－3 和表 5－4 中初始人均实际 GDP 的系数在 1% 或 5% 水平下显著负相关，这表明在 2000～2014 年中国城市间的经济增长存在条件 β 收

敛，这与既有的研究结论保持一致（殷江滨等，2016）。从表5－4中滞后一期经济增长率系数来看，滞后一期经济增长率系数显著为正，这表明中国经济增长具有明显的滞后效应，但当年的经济增长水平往往更容易受到过去一期经济增长水平的影响。

当然，表5－3和表5－4中最为重要的是高铁建设和运营对经济增长影响的估计结果。一般而言，高铁项目所处阶段不同，其对地区经济增长的效果理应有所差异。为此，本章节将高铁项目分为高铁建设和高铁运营两个阶段，分别估计其对经济增长的作用效果，以反映这一事件在不同阶段的效果差异。这种差异性变化主要体现在时间虚拟变量和地区虚拟变量的交叉项的参数估计上，分别采用*CONST*和*OPER*的系数来显示。从表5－3中估计结果来看，*OPER*的系数不显著，这表明与非高铁城市相比，高铁城市的高铁运营并没有拉大两者之间的经济差距，其原因可能在于与高铁建设期相比，高铁运营虽对地区经济增长有一定的促进作用，但并不能拉大地区间的经济差距。而从表5－4的估计结构来看，*OPER*的回归系数显著为负，进一步说明了高铁的运营不利于地区经济增长，这与既有研究结论一致（张克中和陶东杰，2016）。究其原因，可能在于与高铁建设相比，高铁运营虽有利于客运量的增加，加强劳动力等要素的跨区域流动，但也促使资源更为便利地聚集在经济相对发达地区，“过道效应”可能存在。表5－3和表5－4中*CONST*的回归系数均显著，且与经济增长呈现正向关系。这说明与非高铁城市相比，高铁城市的高铁建设对地区经济的拉动作用更为明显，这将进一步拉大地区经济差距。

### 2. 城市群内部高铁城市间经济趋同性分析

理论上看，高铁建设有利于缩短时空距离，加快生产要素的跨区域流动，推动产业转移，进而有利于城市群、城市圈的形成。以上研究表明，高铁建设拉大了高铁城市与非高铁城市间的经济差距。但高铁运营在这方面的效果并不明显。如果要考察城市群内部高铁城市之间的经济趋同性，那么高铁的运营是否能缩小城市群内部高铁城市间的经济发展差距？这点尚需经验证据加以证实。

接下来，我们将以城市群内部高铁城市为研究对象，探讨高铁城市间的经济趋同现象。考虑研究样本均为高铁城市，不存在是否开通高铁的地区虚拟变量，不能继续采用双重差分模型进行相关分析。但实际上，高铁的开通将直接带来通达性的变化，故将采用通达性变量的增长率（GACC）来研究其对城市群内部高铁城市经济增长的影响。表5－5列示了引入通达性变量前后高铁城市间经济趋同性的估计结果。

**表5－5　高铁建设与运营对高铁城市经济增长及趋同的模型回归结果**

| 变量：*GR* | 模型1 | 模型2 | 模型3 | 模型4 |
|---|---|---|---|---|
| *PGDP* | －0.096***<br>（－13.94） | －0.097***<br>（－14.05） | －0.112*<br>（－1.82） | －0.199**<br>（－2.26） |
| *PKC* | 0.008***<br>（4.47） | 0.008***<br>（4.15） | －0.002<br>（－0.13） | 0.001<br>（0.05） |
| *HR* | －0.147***<br>（－2.71） | －0.016***<br>（－2.87） | 0.014<br>（0.44） | －0.012<br>（－0.22） |
| *FDI* | 0.091**<br>（1.99） | 0.088*<br>（1.93） | 2.181<br>（1.11） | 2.951***<br>（2.89） |
| *EMP* | －0.007<br>（－1.50） | －0.006<br>（－1.46） | －0.034<br>（－0.72） | －0.042<br>（－0.56） |
| *GACC* | | 0.012**<br>（1.99） | | 0.363**<br>（2.66） |
| *L. GR* | | | 0.004<br>（0.07） | 0.129<br>（0.45） |
| *Constant* | 0.118***<br>（10.07） | 0.119***<br>（10.22） | 0.018<br>（0.48） | 0.086<br>（1.09） |
| $R^2$ | 0.256 | 0.259 | | |
| F | 2.57 | 2.62 | | |
| Hansen 检验 | | | 0.073 | 0.250 |
| AR（1） | | | 0.000 | 0.002 |
| AR（2） | | | 0.672 | 0.287 |
| Model | FE | FE | 系统 GMM | 系统 GMM |
| Obs | 1 110 | 1 110 | 1 036 | 1 036 |

结果显示，人均实际 GDP 的回归系数显著为负，表明高铁城市间存在条件 β 收敛，这与全样本的结论一致。物质资本、外商直接投资的系数显著为正，就业规模系数不显著，这与全样本的结论保持一致。人力资本系数显著为负，可能在于高素质人才往往聚集在经济相对发达地区，跨区域流动性较弱，这将使得人力资本在高铁城市中分布不均，进而可能不利于地区经济增长。

对于核心解释变量通达性而言，不难发现在表 5 -5 中，通达性回归系数在 5% 水平下显著，且与经济增长呈现正相关关系，这表明通达性的改善有利于地区经济增长。换言之，城市的通达性越高，其获益将越多（殷江滨等，2016），这也一定程度上回答了东部沿海地区经济为何长期保持快速发展。此外，在引入通达性变量后，人均实际 GDP 的系数值的绝对值显著增加，说明通达性的提高能促进城市群地区经济协调发展。

### 3. 不同区域下高铁建设与运营的经济收敛性分析

我国地区经济发展存在水平差异较大、市场发育水平不一、地理区位条件各异等实际情况，国家在高铁项目投资上往往具有一定的偏向性，这将使不同区域下高铁建设与运营对经济趋同的作用效果出现异质性。不同区域下高铁建设与运营分别对经济增长产生何种效果？考虑研究样本在西部地区的线路较少，本部分将中西部地区视为整体，来检验东部地区和中西部地区经济趋同效应的差异性。

**表 5 -6　　不同区域下高铁建设与运营对经济趋同的回归结果**

| 变量：*GR* | 东部地区 | | 中西部地区 | |
|---|---|---|---|---|
| | 模型 1 | 模型 2 | 模型 3 | 模型 4 |
| *L. GR* | 0.046<br>(1.40) | 0.225<br>(0.49) | -0.290<br>(-0.66) | 1.017<br>(0.81) |
| *PGDP* | -0.086***<br>(-5.09) | 0.017<br>(0.55) | -0.018<br>(-1.31) | -0.314<br>(0.49) |
| *CONST* | 0.014*<br>(1.70) | 0.128**<br>(2.25) | -0.006<br>(-0.97) | 0.488*<br>(1.69) |

续表

| 变量：*GR* | 东部地区 | | 中西部地区 | |
|---|---|---|---|---|
| | 模型 1 | 模型 2 | 模型 3 | 模型 4 |
| *OPER* | 0. 005<br>(0. 77) | -0. 550<br>( -1. 20) | 0. 008<br>(0. 70) | -0. 333 *<br>( -1. 67) |
| *PKC* | | -0. 011<br>(1. 40) | | 0. 072<br>(1. 35) |
| *FDI* | | 0. 095<br>(0. 43) | | -0. 342<br>( -0. 61) |
| *HR* | | -0. 014<br>( -0. 70) | | 0. 022<br>(0. 44) |
| *EMP* | | -0. 039<br>(2. 25) | | -0. 081<br>( -0. 42) |
| *C* | 0. 105 ***<br>(5. 16) | 0. 014<br>(0. 93) | 0. 030 **<br>(2. 52) | 0. 114<br>(1. 21) |
| Hansen 检验 | 0. 080 | 0. 077 | 0. 699 | 0. 406 |
| AR（1） | 0. 000 | 0. 106 | 0. 326 | 0. 331 |
| AR（2） | 0. 068 | 0. 564 | 0. 151 | 0. 748 |
| *Obs* | 1 330 | 1 330 | 1 806 | 1 806 |

从东部地区上看（见表 5 -6 中模型 1 和模型 2），初始人均实际 GDP 的回归系数显著为负，表明东部地区城市间存在条件 β 收敛。高铁运营的系数不显著，这表明与非高铁城市相比，东部地区高铁城市的高铁运营并未拉大地区经济差距。而高铁建设系数显著正相关，这说明东部地区高铁城市的高铁建设将通过投资拉动，进而推动高铁城市的经济快速增长，拉大与非高铁城市之间的经济差距。从中西部地区来看（见表 5 -6 中模型 3 和模型 4），初始人均实际 GDP 的回归系数不显著，表明中西部地区的城市间并未表现出条件 β 收敛。高铁建设与运营的系数在两个模型中不稳健，说明地区交通基础设施的改善需要借助于良好的政策环境和有利的市场条件才能得以完全发挥，不然则会因为“虹吸效应”（straw effect）导致生产要素流向东部沿海地区（殷江滨等，2016）。

### 5.3.3 高铁建设与运营对经济增长的传导路径研究

从上面分析可知，高铁建设和运营不仅对经济增长有直接的作用效果，而且也将通过间接传导途径影响地区经济增长。为了进一步检验高铁建设与运营通过何种机制影响地区经济增长，本章节将继续通过构建PSM－DID回归方程来考察高铁建设与运营与间接传导变量（*In*）之间的关系，试图分析高铁建设与运营影响经济增长的间接机理。具体回归方程如下：

$$In_{it} = \gamma_0 + \gamma_1 CONST_{it}^{PSM} + \gamma_2 OPER_{it}^{PSM} + \varepsilon_{it} \tag{5-3}$$

其中，$In_{it}$表示PSM匹配后的间接传导变量，包括人均物质资本（*PKC*）、外商直接投资（*FDI*）、人力资本（*HR*）、就业规模（*EMP*）等。

表5－7反映的是不同间接传导变量的估计结果。不难发现，高铁建设与高铁运营对经济增长的作用途径具有多元化，无论是高铁建设还是高铁运营，其主要依靠吸引物质资本投资和吸引外商投资来实现。

在物质资本方面，由表5－7中模型1可知，高铁建设和高铁运营的回归系数均在1%水平下显著正相关，这表明高铁建设和高铁运营均带来较大规模的固定资产投资。从系数值上看，高铁建设的贡献率明显大于高铁运营的贡献率，这表明高铁建设将更有利于吸引物质资本投资。数据显示，在“十一五”期间，铁路基建投资规模累计达到1.98万亿元，是“十五”期间的6.3倍。大规模的高铁建设在直接拉动地区经济增长的同时，也将有利于吸引当地的固定资产投资。在高铁运营期间，由于高铁的建成，政府必须考虑到基础设施建设的接驳，一方面将直接拉动当地城市内道路交通等基础设施投资；另一方面由于高铁站的选址较为偏僻，将直接带动周边相关产业的固定资产投资，进而推动地区经济增长。但若高铁城市的基础设施建设接驳不力，将直接影响当地的通达性（Chen，2012），进而不利于地区经济增长。

表5－7　高铁建设与运营对高铁城市经济增长传导路径模型回归结果

| 变量 | 模型1 | 模型2 | 模型3 | 模型4 |
|---|---|---|---|---|
| | *PKC* | *FDI* | *HR* | *EMP* |
| *CONST* | 0.952***<br>(14.29) | 0.009***<br>(4.47) | 0.270***<br>(13.76) | 0.027<br>(1.36) |
| *OPER* | 0.814***<br>(10.00) | 0.011***<br>(4.15) | -0.001<br>(-0.06) | 0.203***<br>(8.35) |
| *Constant* | 0.903***<br>(48.11) | 0.037***<br>(62.62) | 1.439***<br>(260.61) | 0.399***<br>(71.30) |
| $R^2$ | 0.163 | 0.024 | 0.076 | 0.035 |
| F | 13.19 | 24.87 | 24.48 | 71.88 |
| Model | FE | FE | FE | FE |
| *Obs* | 3 360 | 3 360 | 3 360 | 3 360 |

在外商直接投资方面，表5－7中模型2的结果表明，高铁建设和高铁运营的系数均在1%水平下显著，且与经济增长呈现正相关关系，这表明高铁建设和高铁运营均有利于吸引外商直接投资。外商直接投资往往被视为有效率的投资，其不仅有利于解决当地资金不足的问题，也有利于引进先进技术和管理方式，这将明显有利于地区经济增长。与高铁建设相比，高铁运营对外商直接投资的影响更为明显，这也表明先进的技术和资金投入更愿意流入到交通便利的高铁城市之中，以期快速获益。

在人力资本方面，从表5－7中模型3的估计结果可以看出，高铁建设的系数在1%水平下显著正相关，高铁运营的系数不显著。这表明与非高铁城市相比，高铁城市的高铁建设有利于当地人力资本的集聚。在高铁建设中，需要大量的人力投入，这将吸引技术性人才的流入，加快人力资本的积累。但由于高铁技术的研发等活动均集中在较为固定的城市，这就使得高素质人才的跨区域流动动力不足，进而导致人力资本集聚效应不明显。

在就业规模方面，表5－7中模型4的估计结果显示，高铁运营的系数均在1%水平下显著，且与经济增长呈现正相关关系，这表明高铁运营有利于就业规模的扩大。在高铁运营期间，高铁的运营将促进劳动力的跨区域快速流动，吸引高铁周边城市的劳动力流入，进而扩大高铁城市的就业规模，促进高铁城市的经济增长（董艳梅，2016）。但劳动力过于频繁的流动对改善区域收入差距的作用效果有限（刘会政，2016）。

## 5.4 本章小结

在近十几年里，中国高铁建设已经取得了举世瞩目的成就，“八纵八横”的高铁网络体系渐趋形成。在经济新常态和区域经济一体化的时代背景下，高铁项目已成为加强区域经济联系，协调区域经济发展的重要举措。本章节利用2000~2014年273个地级市基础数据，采用PSM-DID方法，从高铁建设和运营的视角分析了其对经济增长及其经济收敛的影响，以及高铁运营对城市群内部经济协调发展的影响。研究结果表明：(1) 从全国层面来看，中国城市间经济增长存在条件β收敛。与非高铁城市相比，高铁城市的高铁运营并没有拉大两者之间的经济差距，但高铁建设却明显拉大了经济差距。若从城市群内部各高铁城市情况来看，高铁城市间经济增长也存在条件β收敛，与全国样本一致。通达性的改善有利于城市群地区经济增长，即城市的通达性越高，其获益将越多。通达性的改善还能促进城市群地区实现经济趋同。(2) 从区域层面来看，仅有东部地区城市间存在条件β收敛。与非高铁城市相比，东部地区高铁建设将拉大地区经济差距，高铁运营的效果不显著；而中西部地区的高铁建设与运营效果均不显著。(3) 从间接传导途径来看，与高铁建设相比，高铁城市的高铁运营更有利于吸引外商投资和就业规模的扩大，但在加大物质资本投资和集聚人力资本方面偏弱。本章节的实证结果表明，高铁项目直接和间接地影响了就业规模、物质资本投资和地区经济增长等，重塑了中国的经济空间，这将为各地区进一步借助高铁项目拓宽区域发展空间，兼顾效率和公平，推进区域经济协调发展，因地制宜地制定相关政策提供参考依据。基于此，本章节得到如下启示。

第一，高铁建设将扩大区域经济空间，为经济增长动力转换奠定基础。大规模高铁项目的投资，有利于缩短时空差距，实现生产要素等资源的跨区域自由流动，进而推进区域间市场一体化，形成“带状”城市圈。城市圈的形成，将有利于区域间产业的整合，推进产业链的完善与升级，为经济增长动力转换奠定基础。

第二，高铁城市在注重区域内基础设施接驳时，也应积极融合非高铁城市。高铁建设作为一项系统性工程，具有明显的溢出效应。因此，高铁城市不仅应积极加强本地区基础设施接驳，也应积极加强高铁城市与周边非高铁城市之间的基础设施接驳，实现生产要素在本地区以及地区间的无缝式对接，降低贸易成本，进而实现地区经济的“共享式”增长。

第三，有序推进高铁网络均衡性布局，推进区域经济协调发展。目前，高铁建设与地区经济发展水平息息相关，具有明显的阶梯性，东部地区最为密集，其次是中部地区，最后是西部地区。为避免经济差距的过度拉大，政府应注重高铁的区域性布局，在注重效率的同时，兼顾公平，缩小地区间的经济差距，实现区域间的协调发展。

# 第6章

# 多中心空间结构与城市群协调发展研究

中国特色社会主义进入新时代，我国社会主要矛盾已经转化为“人民日益增长的美好生活需要和不平衡不充分的发展之间的矛盾”。实施区域协调发展战略，“以城市群为主体构建大中小城市和小城镇协调发展的城镇格局”，随即成为当下贯彻新发展理念，构建现代化经济体系的重要一环。2017 年 4 月 1 日，国务院决定设立雄安新区，其目的就在于疏解北京非首都功能，优化京津冀城市群布局和空间结构，形成多头联动、协调发展的多中心城市群发展格局。除此之外，同年 4 月，上海市也发布了《非核心功能疏解报告》，拟将上海市非核心功能转移到周边的苏州、无锡、南通等其他城市。当下，我国区域规划战略已将多中心空间结构作为谋求区域协调发展的重要政策工具和手段（孙斌栋和丁嵩，2017）。虽然扁平化的多中心空间结构能充分发挥城市分工协作的竞争合力（Chen and Partridge，2012），减轻中心区域边际报酬递减和边际外部成本增加对整个城市体系的负面影响（孙斌栋和李琬，2016）。但就城市群层面的多中心空间结构来看，我国多中心城市群协调发展建设任重道远，我国城市群内城际间不协调发展的现象依旧较为普遍（陈玉和孙斌栋，2017）。

究其原因，一方面，由于有关多中心或单中心何种空间结构更具经济绩效的争论犹在，所以，在发展多中心城市群或是单中心城市群的道路选择上就存在了分歧。布雷齐和韦内里（Brezzi and Veneri，2015）在研究 OECD 成员国多中心城市网络时发现，其多中心空间结构所拥有的邻近集群并未形成合力，所以也就不会影响大都市的经济增长。多中心空间结构仅仅是简单的中心嵌合体，其所产生的集聚经济效应要逊色于同等规模的单中心空间结构（Bailey and Turok，2010）。而孙斌栋和李琬（2016）则进一步指出单中心空间结构中中心城市先进的管理经验和强大的资源动员能力，能显著降低规模不经济对城市发展的制约，且拥有良好通达性和紧凑、集中的单中心空间结构更能促进地区经济增长（Cervero，2001）。基于此，发展单中心空间结构是更具经济绩效的一种城市群空间结构。而持相反观点的学者认为，多中心城市群会在“借用规模（Borrowed Size）”作用下使小规模城市获得更高的收入（Alonso，1973）。此外，在规模较小的城市发生产业聚集和人口聚集可以避免在大城市聚集所带来的负外部性影响（Phelps，2004），同时也能使小规模城市获得货币（pecuniary）和技术（technological）外部性（Phelps and Fallon，2001）。换言之，多中心空间结构能通过平衡集聚的优势和劣势，来促进地区的经济增长（Meijers and Burger，2010）。所以，由单中心向多中心的转型是一条解决规模不经济的有效途径（Fujita，1997），且从城市化发展趋势来看，越来越多的大都市圈正通过中心城市产业的转移与扩散，逐渐发展为多中心大都市（霍尔，2009）。

另一方面，既有从经济学视角出发的相关研究更多的将注意力放在经济绩效上。经济绩效作为效率的一种重要表现形式，其仅仅只是区域协调发展的一部分，区域协调发展更多的还要注重公平性，即逐步缩小地区经济发展差距（张勋和万广华，2016）。然而，从我国实际出发，探讨多中心空间结构实现区域经济协调发展的经验研究还较为缺乏（刘修岩等，2017）。此外，关于多中心空间结构是否能缩小地区经济差距也莫衷一是。部分学者认为，多中心空间结构所产生的网络外部性，能够产生和集聚外部性一样的经济效益，使分区下的城市化效应得以发挥作用，从而改善地区竞争力水平，增强地区之间的经济粘性和发展平衡性（Meijers and Burger，2010）。而梅耶尔和桑德伯格

（Meijers and Sandberg，2008）最初在分析多中心空间结构与经济发展差距之间关系时，却发现多中心城市群扩大了地区发展差距。韦内里和布尔加拉西（Veneri and Burgalassi，2012）也得出了类似的结论。但值得注意的是，他们的研究并未使用严谨的计量方法，仅就相关性进行了分析。

基于此，检验多中心空间结构是否促进了城市群的协调发展，梳理多中心空间结构促进城市群协调发展的内在机理，借此来破解多中心城市群协调发展难题，对于进一步落实区域协调发展战略意义重大。

## 6.1 多中心空间结构促进城市群协调发展的机理分析

针对上面提出的争论，霍尔（2009）指出要理清多中心空间结构是否更具竞争力和可持续性，首先需要区分形态多中心和功能多中心的概念，因为形态上的多中心并不意味着功能上的多中心（Burger et al.，2014）。形态多中心是指区域内依据人口分布状况或不同等级城镇的分布状况来解释的空间结构（霍尔，2009）；而功能多中心则是基于功能联系的需要而在地理上发生连接，进而形成多中心城市网络的过程（Finka and Kluvankova，2015；Ortega et al.，2015）。李迎成和菲尔普斯（Li and Phelps，2017）又进一步将功能多中心细化，提出了知识多中心的概念——知识多中心是功能多中心在知识联系方面的具体体现。基于此，形态多中心城市群强调各中心城市的绝对重要性，即人口、就业或是经济表现在城市群内处于核心地位，而功能多中心城市群则更加强调各中心城市在区域内的相对重要性，即在多大程度上通过交通流、物流、人流以及知识信息流与外部城市产生协作来实现其中心地位（Burger and Meijers，2012）。总而言之，在形态多中心的研究中，处于绝对中心的城市可以不需要考量周边城市的影响，但在功能或知识多中心的研究中，处于相对中心的城市则需要通过与外部城市发生联系来实现其中心价值。

### 6.1.1 形态与知识多中心空间结构的借用规模、集聚经济分析

阿隆索（Alonso，1973）在研究美国东北部海岸线城市群落时发现，位于城市群落中的小城市要比孤立的小城市增长速度更快，他将这种现象称为“借用规模”（Borrowed－Size）。而借用规模现象产生的主要原因在于：在城市群落中，小城市可以通过与大城市发生联系而共享大城市高等级的公共服务和集聚经济益处等。所以，不同的城市群网络结构必定会影响借用规模现象的发生。

就形态单中心和多中心城市群而言，由于其测度指标主要是依靠人口、就业、经济规模等存量数据，故城际之间的协作关系无法得到有效反映。形态单中心和多中心城市群便可能存在城市彼此隔离的情况，即形态单中心和多中心城市群主要以封闭式模型为主。由此封闭模型导致的结果便是：大城市和中小城市便都处于相对孤立地位，这样就不利于借用规模行为的发生。但值得注意的是，在形态单中心城市群中，虽然流量数据不能够得到反映，但中心城市人口规模和经济规模存量数据较大的事实还是能准确表征（见图6－1），集聚经济效应在该地区较为明显。所以，形态单中心空间结构便能促进城市群的经济增长。反观形态多中心城市群，其相对分散的资源分布结构不利于集聚经济效应的产生，不利于降低城市各项生产

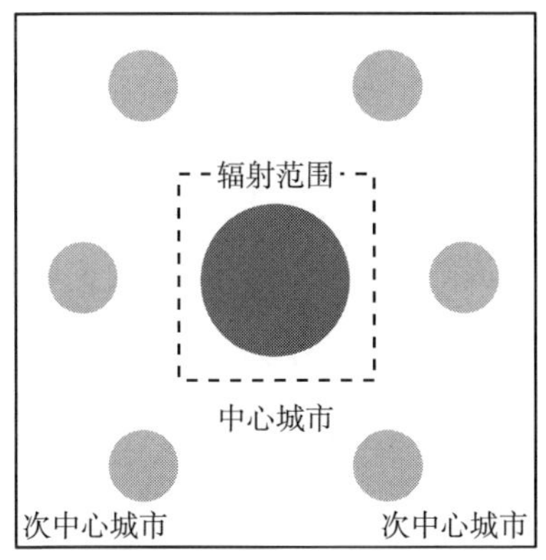

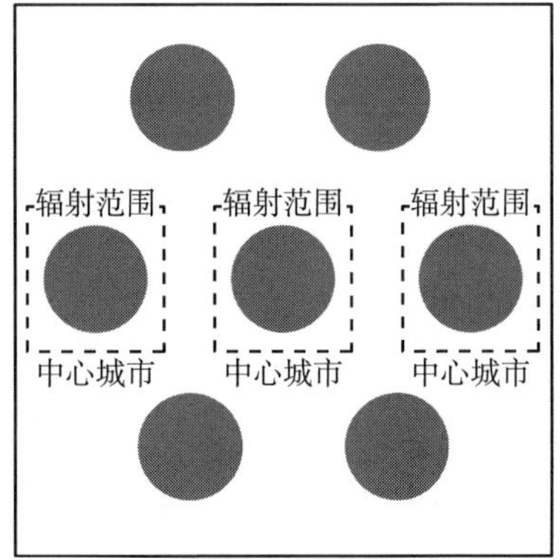


**图6－1 形态单中心（左）和多中心（右）城市群**

资料来源：笔者绘制。

活动的运营成本，也不利于提高城市的生产效率等。

就知识多中心空间结构而言，由图6-1可知，其研究是假定开放式的城市发展模型，该模型不仅要考虑城市自身的属性特征，还要考虑该城市在城市群系统中所处的知识中心地位。因为这会直接影响该城市的就业规模、经济表现等（Li and Phelps，2016）。在知识多中心城市群体系中，城市与城市之间的相对地位更为均衡，不论是教育资源的分布还是基础设施的布局建设都不会是围绕某一个单一城市展开，如此，大城市的发展便不会以牺牲中小城市的发展为代价，中小城市便能从大城市的发展中受益。姚常成和宋冬林（2019）的研究就证实，在知识多中心空间结构中，中小城市更容易实施借用规模行为，而借用规模行为的发生又能提高整个城市群的集聚经济水平。最后，知识多中心空间结构中均衡的发展格局也可以避免知识信息的过度集中所导致的两极分化现象，同时也能使中小规模城市借由城市群集聚经济所带来的货币与技术外部性（Phelps and Fallon，2001），实现快速增长。

假说6-1：形态单中心与知识多中心空间结构对于促进城市群经济增长有正向效应。

假说6-2：相比于形态多中心，知识多中心可以通过借用规模帮助城市群实现协调发展。

### 6.1.2 形态与知识多中心空间结构的空间溢出效应分析

在形态多中心空间结构中，中小城市是否能通过嵌入城市群信息或交通网络来共享大城市的经济益处尚未可知。而中心城市的规模效应取得是通过与外界发生连接来实现，还是仅通过自身的人口、就业以及经济规模实现也不明确。所以，在可能封闭的城市模型中，中心城市对外围城市的溢出效应和辐射范围也可能非常有限①（见图6-1）。

① 图6-1中标注的辐射范围为相对值（而非具体的绝对值），即相比于知识多中心来说，形态多中心的空间溢出效应可能较小，辐射范围也较小。

反观知识单中心和多中心城市群（见图6－2）。当城市群空间结构表现为知识单中心时［见图6－2（a）］，知识信息流主要表现为外围城市1～城市6向中心城市的流动，城市6如果需要与城市1发生知识合作，就需要先经过中心城市才能实现，此时城市群的知识联系效率相对较低。当城市群空间结构表现为知识多中心时［见图6－2（b）］，即城市1～城市6升级为中心城市，此时城市6如果需要与城市1发生联系，则可以经由信息流①直接与其联系，此时城市群的知识信息流长度极大缩短，知识合作效率极大提升。

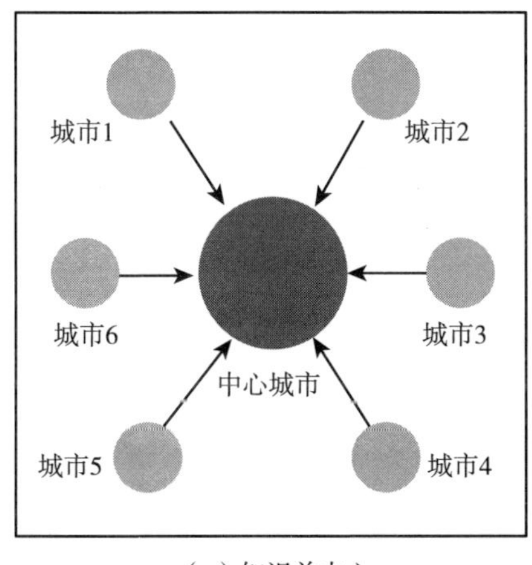


（a）知识单中心

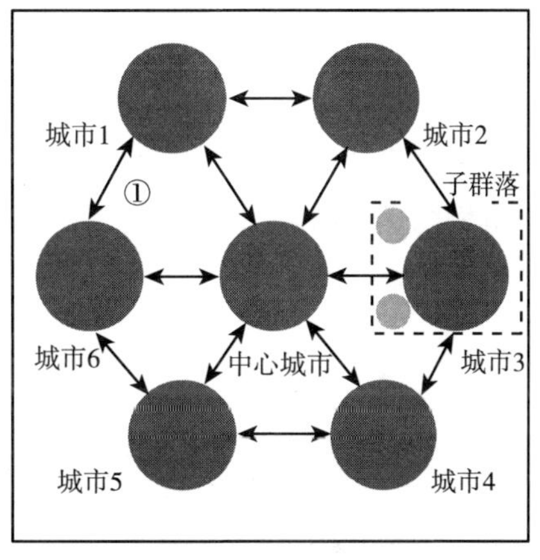


（b）知识多中心

**图6－2　知识单中心和多中心城市群**

除此之外，在知识多中心空间结构中，城市6选择知识合作的渠道也相对丰富，由知识单中心空间结构时只能与中心城市合作，改为可以基于彼此的知识需要和双方的比较优势任意选择其他城市合作，知识创新的多样性得到了极大程度的满足。最后，在知识多中心空间结构中还会形成诸多以新中心城市为核心的城市群子群落。在子群落中，小城市便可以通过与距离相近的中心城市合作，获得“干中学”的机会，实现快速发展，且小城市通过后发优势，有可能实现比大城市更快的增长速度。因为，大城市虽然占据了知识合作的制高点，但它需要处理和加工的信息量也会呈几何倍数增长，由知识合作带来的经济效益增长速度可能会出现递减趋势。

假说6-3：知识多中心空间结构更有利于提高城市群知识交流与合作的效率，丰富知识创新的多样性，实现经济增长的空间溢出效应。

假说6-4：相比于大城市，中小城市在知识多中心空间结构中能获得更多“干中学”机会，实现更多的知识溢出效应，以此来缩小地区发展差距。

## 6.2 计量模型的设定

### 6.2.1 模型与变量说明

本章节计量分析部分重点考察形态多中心和知识多中心空间结构对城市群经济协调发展的影响，以此来验证上文中的假说6-2。构建的计量模型如下：

$$GAP_{it} = \alpha_0 + \alpha Mor_{it} + \beta X_{it} + \varepsilon_{it} \tag{6-1}$$

$$GAP_{it} = \alpha_0 + \alpha Poly_{it} + \beta X_{it} + \varepsilon_{it} \tag{6-2}$$

$GAP_{it}$表示$i$城市群第$t$年经济发展差距。关于经济发展差距的测度，本章节主要利用变异系数（LCV）来表征区域发展差距。为了在一定程度上消除变异系数的中立性问题，参考金相郁和武鹏（2010）的做法，本章节对经济发展水平采取对数转换形式，具体计算公式如下：

$$LCV_{it} = \sqrt{\frac{\sum_{j=1}^{n} (\log PGDP_{jt} - \log \overline{PGDP_t})^2}{n}} \tag{6-3}$$

其中，$PGDP_{jt}$表示$j$城市第$t$年的实际人均GDP（以2000年为基期折算），$\overline{PGDP_t}$为$i$城市群内第$t$年的实际人均GDP的平均值，$n$为城市群内城市的数量。除此之外，出于稳健性考量，在下文实证分析部分还采用了GINI系数来衡量区域发展差距，具体计算公式如下：

$$GINI_{it} = \frac{\sum_{j=1}^{n}\sum_{k=1}^{n} |PGDP_{jt} - PGDP_{kt}|}{n(n-1)} / 2\overline{PGDP_t} \tag{6-4}$$

$Mor_{it}$和$Poly_{it}$是$i$城市群第$t$年的形态和知识多中心指数。由于多中心空间结构是一个尺度依赖的概念。例如，从地区和国家尺度来看，巴黎就表现出形态单中心，但如果从全球范围来看，却是功能多中心（霍尔，2009）。本章节侧重于从城市群的尺度去研究，以期填补在该尺度上的研究空白。对于形态多中心指数的估计，具体计算公式如下：

$$\ln pop_{jt} = C - Mor_{it}\ln R_{jt} \tag{6-5}$$

其中，$pop_{jt}$ 表示 $j$ 城市第 $t$ 年的总人口规模，$C$ 表示常数，$R_{jt}$ 表示 $j$ 城市在第 $t$ 年的总人口规模排序。通过对城市群内各城市的总人口规模进行排序后，进行如（6-5）所示的回归，即可求得形态多中心指数 $Mor_{it}$。$Mor_{it}$ 越大说明越趋于形态多中心，反之则趋于形态单中心。由于不同 $R_{jt}$ 的选取导致的结果可能会有差异，本章节参考梅耶斯和伯格（Meijers and Burger，2010）的做法，将城市群内 $R_{jt}=(2、3、4)$ 回归得到的 $Mor_{it}$ 取均值，以便于不同城市群之间的比较。此外，本章节还从知识多中心视角来进行测度：

$$\ln Col_{jt} = C - Poly_{it}\ln R_{jt} \tag{6-6}$$

$$Col_{jt} = \sum_{J}^{n} Col_{jk,t}(j \neq k) \tag{6-7}$$

其中，$Col_{jk,t}$表示 $j$ 城市第 $t$ 年与 $k$ 城市的知识联系程度，而$Col_{jt}$则表示 $j$ 城市第 $t$ 年在城市群内的知识联系程度总和，参考李迎成和菲尔普斯（2016）、姚常成和宋冬林（2019）的做法，用城际间合作发表的期刊论文数量①来衡量它们之间的知识联系程度。

$X_{it}$表示可能影响区域经济发展差距的一组控制变量。具体包含物质资本（*KC*）、外商直接投资（*FDI*）、人力资本（*HR*）、财政支出（*GOV*），其中物质资本（*KC*）参考张军（2004）的算法。外商直接投资（*FDI*）用外商直接投资额（利用年平均汇率兑换成人民币后）占 GDP 的比重来衡量。人力资本（*HR*）利用城市人口的受教育年限来衡量，其中小学、普通高等学校对应的折算年份为 6 年、16 年。初中采用 9 年折算，高中采用 12 年折算，考虑部分年份数据仅列示普通中学在校人数，故采用两

① 考虑到期刊质量往往与面对面交流频率成正比，参考 Li 和 Phelps（2016）的做法，采用 Web of Science 核心数据库中城际间合作期刊数来衡量城际间面对面交流频率，以此代表城际间知识联系强度。

者的平均值10.5年计算。财政支出（$GOV$）利用政府公共支出额占GDP的比重来衡量。$\varepsilon_{it}$为随机扰动项。

另外，出于稳健性考量，同时检验上文中的假说6－1，本章节还将从经济趋同的视角进一步考察。本章节在保罗（Barro，1990）经济趋同模型的基础上，考虑了经济增长的“动态性”，故将经济增长的滞后项引入其中，构建如下计量模型：

$$GR_{jt} = \alpha_0 + \alpha_1 PGDP_{jt-5} + \alpha_2 Mor_{jt} + \alpha_3 GR_{jt-1} + \alpha_4 X_{jt} + \varepsilon_{jt} \tag{6-8}$$

$$GR_{jt} = \alpha_0 + \alpha_1 PGDP_{jt-5} + \alpha_2 Poly_{jt} + \alpha_3 GR_{jt-1} + \alpha_4 Acc_{jt} + \alpha_5 X_{jt} + \varepsilon_{jt} \tag{6-9}$$

$$GR_{jt} = \log\left(\frac{PGDP_{jt}}{PGDP_{jt-5}}\right) \tag{6-10}$$

其中，$GR_{jt}$表示$j$城市第$t$年的人均实际GDP增长率（时间跨度T为5年）。$PGDP_{jt-5}$为j城市第t－5年的初始人均实际GDP。经济趋同速度$\beta = \frac{-1}{T}\ln(1+\alpha_1)$，若$\alpha_1$系数显著小于0，则存在绝对$\beta$趋同；在加入其他解释变量以后，若$\alpha_1$绝对值变大，则表明该解释变量有助于经济趋同的发生，即存在条件$\beta$趋同（殷江滨等，2016）。

值得注意的是，为了避免知识多中心空间结构受交通网络便利性影响所导致的结论偏误，式（6－9）中针对知识多中心空间结构所产生的经济趋同效应，还引入了$Acc_{jt}$指标（表示$j$城市第$t$年的通达性水平）。城市通达性（$ACC$），通常用于衡量目标城市到其他城市交通便利程度①。

最后，为了验证上面中的假说6－3与假说6－4，本章节还将从知识多中心空间结构对城市经济趋同的空间溢出效应影响分析出发，构建如下经济趋同空间计量模型②：

---

① 关于通达性指标的测算，具体参考第5章节。

② 关于空间计量模型的选择，Fingleton（2004）和沈体雁等（2010）在研究经济趋同空间计量模型时指出，由于影响经济增长的变量相对较多，容易导致在模型设定时遗漏部分重要变量，所以采用空间误差模型来进行估计可能更为可靠。但何江和张馨之（2006）则指出固定效应的空间滞后模型可能估计效果更好。本章节的LM Lag检验值略大于LM Error的检验值，所以最终出于对比需要和稳健性考虑，采用了空间误差模型和空间滞后模型进行结果估计。

$$GR_{jt} = \alpha_0 + \rho w_{jk} GR_{kt} + \alpha_1 PGDP_{jt-5} + \alpha_2 P_{jt} + \alpha_3 X_{jt} + \varepsilon_{jt} \tag{6-11}$$

$$GR_{jt} = \alpha_0 + \alpha_1 PGDP_{jt-5} + \alpha_2 P_{jt} + \alpha_3 X_{jt} + \mu_{jt}, \mu_{jt} = \gamma w_{jk} \mu_{kt} + \varepsilon_{jt} \tag{6-12}$$

其中，$w_{jk}GR_{kt}$和$w_{jk}\mu_{kt}$分别表示因变量的内生交互效应和扰动项的交互效应；$w_{jk}$为空间权重矩阵；ρ、γ为各自对应的空间相关系数。式（6－11）表示为空间滞后模型SAR，而式（6－12）则表示空间误差模型SEM。

$P_{jt}$为$j$城市第$t$年知识多中心化的虚拟变量，主要用来研究知识空间结构的多中心化变动对经济增长空间溢出效应的影响。它是个体虚拟变量（$ID$）和时间虚拟变量（$T$）的交互项。其中，个体虚拟变量$ID=1$表示知识多中心空间结构指数大于平均值的城市样本（实验组）；个体虚拟变量$ID=0$表示知识多中心空间结构指数小于平均值的城市样本（对照组）。同理，时间虚拟变量$T=1$表示某一城市知识多中心空间结构指数大于其平均值的年份；反之，时间虚拟变量$T=0$。基于此，二者的交互项乘积（$P=ID\times T$）就可以用来反映实验组（知识多中心空间结构）与对照组（知识单中心空间结构）的双重差分效应[①]。

### 6.2.2 样本选择与数据来源

关于城市群研究范围的确定，本章节在刘士林（2015）的研究基础上有一定扩展。他根据《中央关于制定十一五规划的建议》和《国家新型城镇化规划》中的提法，将长三角、珠三角、京津冀、长江中游和成渝城市群确定为国家级城市群[②]。同样是国家文件，但若考量国务院批复的城市群发展规划（以下简称发展规划），截至2017年底，发展规划还提到了哈长、中原和广西北部湾城市群。基于此，本章节以2000～

① 由于下文中的空间权重矩阵采用的是知识合作网络，所以如果继续采用知识多中心空间结构指数来分析则可能导致内生性问题。此外，本章节又需要研究知识合作网络的多中心化变动对经济增长的空间溢出效应影响，如果采用分组样本进行回归，又不能比较分样本之间回归系数绝对值的大小。综合考虑，本章节最终采用改进的双重差分的估计方法，如此便能用来分析知识空间结构的多中心化变动对经济增长空间溢出效应异质性影响。

② 刘士林．关于我国城市群规划建设的若干重要问题［J］．江苏社会科学，2015（5）：30－38.

2016 年这八大城市群为研究对象，共计 143 个城市①。

数据主要来源于《中国城市统计年鉴》《中国区域经济统计年鉴》《中国统计年鉴》、部分省份和地市统计年鉴，以及 Web of Science 核心数据库、铁路列车时刻表等。值得注意的是，为了衡量城市群内各城市之间知识合作情况，本章节在 Web of Science 核心数据库的高级搜索中添加了地址条件栏，在地址栏中输入所要研究的城市对，然后在搜索结果中选择所要研究的对应年份。同时，为了避免拼音相同城市（如山西（Shanxi）和陕西（Shanxi））对统计结果产生的偏差影响，本章节还通过增加邮编条件，进一步锁定了城市对，提高了数据相对精度。

## 6.3 我国城市群多中心空间结构与经济发展差距的特征演变

### 6.3.1 我国八大城市群多中心空间结构的特征演变分析

从图 6 - 3 中各城市群形态多中心空间结构的演变情况来看，北部湾和成渝城市群呈现出不断多中心化的趋势，不过需要注意的是，成渝城市群单中心空间结构依旧较为明显（数值较低）。京津冀、长三角和珠三角城市群则呈现出不断单中心化的趋势。究其原因，可能是因为北京、天津、上海、广州以及深圳等一线大城市在吸引外来人口流入方面或在新增人口上依旧占据绝对优势，如此便拉开了与周边其他地区在人口集聚表现上的差距。长江中游和中原城市群的多中心化指数则是先降后升，

① 根据各大城市群发展规划文件的范围界定：长三角城市群范围包括上海市和南京市等 26 个城市；珠江三角洲城市群包括广州市和深圳市等 14 个城市；京津冀城市群范围包括北京市、天津市和石家庄市等 13 个城市；长江中游城市群范围包括武汉市和黄冈市等 28 个城市；成渝城市群范围包括成都市和重庆市等 16 个城市；北部湾城市群范围包括广西壮族自治区南宁市、钦州市和海南省海口市等 10 个城市；中原城市群范围则包括郑州市和安阳市等 29 个城市；哈长城市群范围包括长春市和哈尔滨市等 10 个城市。其中，京津冀与中原城市群规划范围有 2 个城市重合，北部湾与珠三角城市群规划范围有 1 个城市重合。

哈长城市群的多中心指数变化趋势不太明显。

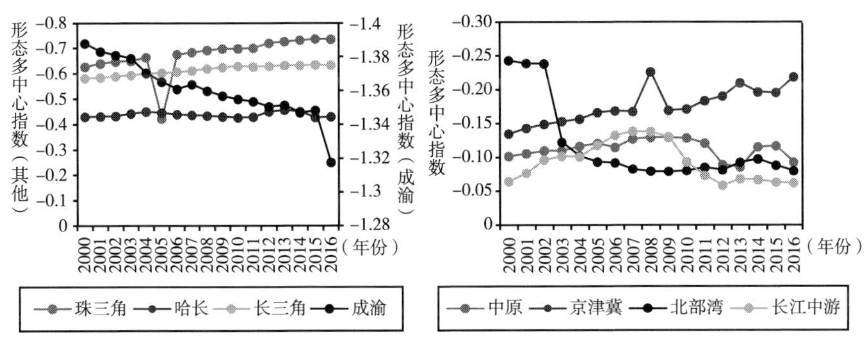


图6-3　我国八大城市群形态多中心趋势情况

反观图6-4中各城市群知识多中心空间结构的趋势变化，长三角、哈长以及珠三角城市群的知识多中心空间结构指数上升趋势较为明显。虽然北部湾城市群①的知识多中心空间结构指数波动幅度较大，但整体上还是呈上升趋势。而珠三角城市群虽然在2000年伊始，以广州、深圳为中心的知识单中心空间结构特征明显（多中心指数较低），但往后随着高等院校在珠海、东莞、中山等地区设立分校，城市群知识多中心空

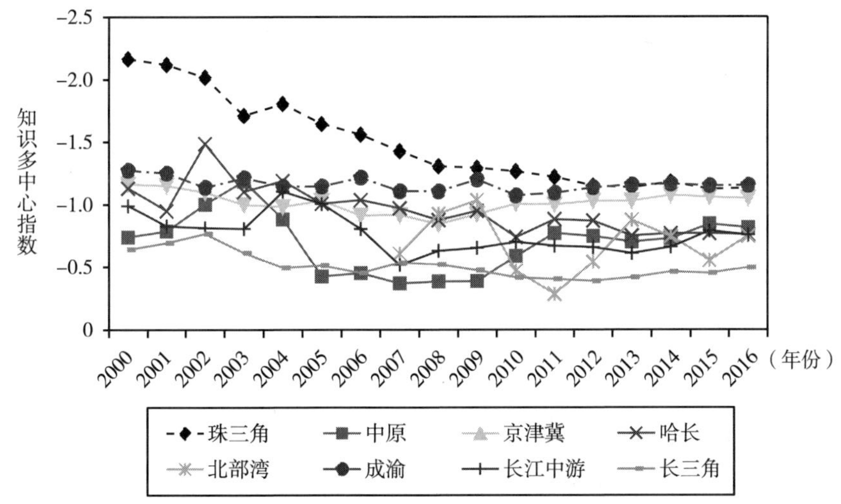


图6-4　我国八大城市群知识多中心趋势情况

① 北部湾城市群在2007年以前，城际之间期刊合作数量无数据可查。

间结构的转变趋势开始呈现。此外，长江中游、京津冀和中原城市群知识多中心空间结构指数呈现出先升后降的趋势，说明这些地区知识单中心空间结构尚未得到有效缓解，且在2008年以后，知识单中心空间结构还愈加凸显。最后，成渝城市群知识多中心指数略微有所上升但变化不大，其知识多中心空间结构有待进一步加强。

对比图6－3和图6－4中2000～2016年城市群形态与知识多中心指数的变化趋势，不难发现，形态多中心与知识多中心并非都呈现出一致性的变化，形态单中心的城市群也可以表现出知识多中心化的趋势（如长三角城市群等）。

### 6.3.2 我国八大城市群经济发展差距特征演变分析

由图6－5可以看出，珠三角、哈长、京津冀、长三角以及北部湾城市群经济发展差距在2000年时较大，而中部地区的中原、长江中游以及成渝城市群经济发展差距则相对较小。2016年以后，除长江中游城市群经济发展差距有所扩大以外（其知识多中心空间结构指数在2007年以后呈现出下降趋势，见图6－4），珠三角、长三角、哈长、北部湾以及成渝城市群地区经济发展差距均有所缩小。中原与京津冀城市群经济发展差距变化不明显。结合上面的观察可以得出，这些经济发展差距缩小的城市群大多是知识多中心化趋势较为明显，且知识多中心化指数较高的地区。基于此，下面将做进一步定量分析。

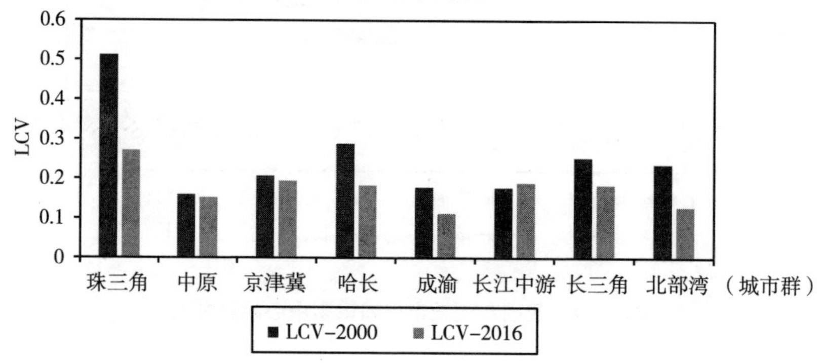


图6－5 我国八大城市群经济发展差距情况

## 6.4 实证分析

### 6.4.1 相关性分析

为了说明形态多中心、知识多中心与城市群经济发展差距三者之间的关系，本章节首先采用 Pearson 相关性检验来考查。从表 6－1 的估计结果来看，形态多中心与知识多中心之间存在正向的相关关系，但相关系数值较小，说明形态上的多中心并不等同于知识上的多中心。形态多中心与 *GINI* 系数、变异系数则不存在显著的相关关系，仅有知识多中心与 *GINI* 系数、变异系数存在显著的负向相关关系，说明知识多中心空间结构越显著，则区域经济差距越小。

表 6－1　　　　Pearson 相关性检验估计结果

| 变量 | *MOR* | *POLY* | *GINI* | *LCV* |
|---|---|---|---|---|
| *MOR* | 1.000 | / | / | / |
| *POLY* | 0.400*** | 1.000 | / | / |
| *GINI* | －0.021 | －0.500*** | 1.000 | / |
| *LCV* | －0.040 | －0.519*** | 0.965*** | 1.000 |

注：*、**、*** 分别表示在 1%、5%、10% 的显著性水平下拒绝原假设。

### 6.4.2 基于形态多中心与知识多中心的实证比较分析

相关性并不等同于因果性，下面还将进一步研究多中心空间结构与区域经济差距（*LCV* 与 *GINI*）之间的相互作用关系。表 6－2 中模型 1、模型 3、模型 5 和模型 7 显示了在引入控制变量前后，知识多中心空间结构对变异系数以及基尼系数的影响。而表 6－2 中模型 2、模型 4、模型 6 与模型 8 则分别表示在引入控制变量前后，形态多中心空间结构指数对变异系数以及基尼系数的影响。

表 6－2　形态与知识多中心结构对城市群内经济差距的回归结果

| 变量 | 模型 1 | 模型 2 | 模型 3 | 模型 4 | 模型 5 | 模型 6 | 模型 7 | 模型 8 |
|---|---|---|---|---|---|---|---|---|
| | *LCV* | | | | *GINI* | | | |
| *POLY* | －0.053***<br>(0.014) | | －0.069***<br>(0.012) | | －0.046***<br>(0.013) | | －0.048***<br>(0.012) | |
| *MOR* | | 0.008<br>(0.089) | | －0.043<br>(0.037) | | 0.004<br>(0.080) | | －0.034<br>(0.035) |
| 控制变量 | 否 | 否 | 是 | 是 | 否 | 否 | 是 | 是 |
| *Constant* | 0.167***<br>(0.013) | 0.217***<br>(0.040) | 0.092**<br>(0.038) | 0.462***<br>(0.048) | 0.178***<br>(0.011) | 0.220***<br>(0.036) | 0.160***<br>(0.041) | 0.361***<br>(0.044) |
| $R^2$ | 0.335 | 0.002 | 0.677 | 0.540 | 0.304 | 0.006 | 0.439 | 0.468 |
| *Obs* | 136 | 136 | 136 | 136 | 136 | 136 | 136 | 136 |

注：括号中的值为标准差；*、**、*** 分别表示在1%、5%、10%的显著性水平下拒绝原假设。

从表 6－2 的估计结果来看，不论是采用变异系数（*LCV*）还是基尼系数（*GINI*）来衡量，知识多中心空间结构均有利于缩小城市群内经济发展差距，但形态多中心空间结构对于缩小城市群内经济发展差距的影响不显著，验证了上面的假说 6－2。

### 6.4.3　稳健性检验

虽然上面通过替换被解释变量，初步验证了知识多中心空间结构对城市群内经济差距的影响，但如果考虑模型设定偏误及模型内生性问题，则还需做进一步的稳健性检验。因此，本章节进一步从经济趋同的视角来考察分析。由于经济趋同模型引入了经济增长的滞后项，为了避免模型的内生性问题，采用系统 GMM 的估计方法。对于工具变量的选择，表 6－3 最多选择内生解释变量的 4 阶滞后，并利用了 collapse 技术来限制其数量。

表 6－3　形态与知识多中心空间结构对经济趋同模型动态面板回归结果

| 变量：*GR* | 模型 1 | 模型 2 | 模型 3 | 模型 4 | 模型 5 |
|---|---|---|---|---|---|
| *PGDP* | －0.016 **<br>（0.007） | －0.037 **<br>（0.018） | －0.014 *<br>（0.008） | －0.067 ***<br>（0.019） | －0.071 ***<br>（0.020） |
| *L. . GR* | 0.888 ***<br>（0.115） | 0.623 ***<br>（0.078） | 0.771 ***<br>（0.150） | 0.607 ***<br>（0.224） | 0.534 **<br>（0.244） |
| *POLY* |  | 0.023 ***<br>（0.008） |  |  | 0.028 **<br>（0.013） |
| *MOR* |  |  | －0.204 **<br>（0.096） |  |  |
| *ACC* |  |  |  | 0.043<br>（0.031） | 0.063 *<br>（0.037） |
| 控制变量 | YES | YES | YES | YES | YES |
| *Constant* | －0.027 *<br>（0.015） | 0.009<br>（0.014） | －0.082 ***<br>（0.025） | 0.006<br>（0.031） | 0.006<br>（0.031） |
| 趋同速度（%） | 0.32 | 0.75 | 0.28 | 1.39 | 1.47 |
| AR（1） | 0.000 | 0.000 | 0.000 | 0.005 | 0.015 |
| AR（2） | 0.288 | 0.217 | 0.590 | 0.227 | 0.237 |
| Hansen | 0.121 | 0.120 | 0.144 | 0.104 | 0.215 |
| *Obs* | 2 201 | 2 201 | 2 201 | 2 201 | 2 201 |

注：从表 6－3 中 AR（1）与 AR（2）的检验结果来看，模型不存在序列自相关，同时 Hansen 的检验结果说明模型选择的工具变量有效。括号中的值为标准差，*、**、*** 分别表示在 1%、5%、10% 的显著性水平下拒绝原假设。

从表 6－3 的估计结果来看，不论如何引入其他解释变量，经济增长滞后项回归系数均在 1% 的水平下显著为正，说明经济增长确实存在滞后的“粘性”。而期初的 *PGDP* 回归系数均显著为负，说明城市群内存在绝对趋同现象。

对比表 6－3 中模型 1 与模型 2 的估计结果，发现在引入知识多中心空间结构变量（*POLY*）以后，知识多中心空间结构回归系数显著为正，且期初的 *PGDP* 回归系数绝对值显著增加，说明知识多中心空间结构提高了城市群内的经济趋同速度（经济趋同速度从之前的 0.32 升至 0.75）。反观模型 1 与模型 3 的估计结果，形态多中心空间结构（*MOR*）

并未提高期初的 *PGDP* 回归系数绝对值（经济趋同速度从之前的 0.32 降至 0.28），且形态多中心空间结构回归系数显著为负，说明形态多中心空间结构不利于城市群的协调发展，且形态单中心空间结构有利于提高城市群经济绩效。进一步佐证了上文中的结论及假说 6－1。

最后，为了避免交通网络的便利化对知识多中心空间结构可能存在的内生性影响，在模型 4 与模型 5 中，本章节还进一步引入了通达性指标（*ACC*），避免了城市群经济趋同是由通达性的改善而非知识多中心空间结构的变化的偏误结论①。对比模型 4 与模型 5 的估计结果则发现，即使引入了城市通达性水平（*ACC*），知识多中心空间结构（*POLY*）也带来了城市群的经济趋同，充分说明了估计结果稳健可靠。

## 6.5 知识多中心空间结构促进城市群协调发展的机制检验

### 6.5.1 基于借用规模视角下的分析②

从上面的理论分析可知，知识多中心城市群能通过借用规模行为实现地区的协调发展。为验证这一假说，本章节首先从借用规模与集聚经济效应的相互关系，以及多中心空间结构与借用规模的相互关系出发，引入了城市生产效率（*Y*）指标，并参考李金凯和张同斌（2018）以及苏红键和魏后凯（2013）的做法，选择城市全要素生产率（*TFP*）和平均工资（*WAGE*）来表示城市生产效率水平。考虑到索洛残差法和随机前沿分析法在测算全要素生产率时可能存在的不足，本章节基于 DEA－

① 知识多中心空间结构作为功能多中心空间结构在知识信息流上的具体表现（功能多中心空间结构还可以表现在交通流上）（Liu et al.，2015），其对经济趋同的影响可能会受其他功能多中心指标的影响，如交通便利程度会影响城际之间的知识合作。所以，为了避免交通流对经济趋同的影响，本章节引入了通达性变量。

② 囿于数据限制，表 6－4 至表 6－6 中的数据跨度为 2003～2015 年。

Malmquist 指数模型来测算城市全要素生产率指数（*TFP*）。其中，产出变量采用各城市实际 GDP（以 2000 年为基期折算）来表示，而投入变量则采用城市单位从业人员数和城市物质资本来衡量。

### 1. 不同空间结构城市群借用规模表现

为了考察借用规模对不同空间结构城市群集聚经济影响的异质性问题，本章节首先将分别从长三角城市群、珠三角城市群、京津冀城市群、长江中游城市群、哈长城市群、中原城市群、成渝城市群、北部湾城市群的个体层面加以分析。

**表 6－4　　不同城市群的基准模型回归结果（1）**

| 被解释变量：*TFP* | 模型 1 | 模型 2 | 模型 3 | 模型 4 |
|---|---|---|---|---|
| | 长三角 | 珠三角 | 京津冀 | 长江中游 |
| *BOR_PER* | 0.006**<br>(0.003) | 0.002*<br>(0.001) | －0.008*<br>(0.005) | －0.001<br>(0.004) |
| *DEN* | 0.199<br>(0.149) | －0.183*<br>(0.101) | 0.773**<br>(0.381) | 0.015<br>(0.073) |
| *S_DEN* | －0.147<br>(0.122) | 0.088<br>(0.100) | －0.874***<br>(0.304) | －0.014<br>(0.047) |
| *Constant* | 0.914***<br>(0.112) | 1.127***<br>(0.059) | 1.039***<br>(0.300) | 1.048***<br>(0.074) |
| 控制变量 | YES | YES | YES | YES |
| *Obs* | 338 | 182 | 169 | 364 |
| R－squared | 0.257 | 0.292 | 0.537 | 0.404 |
| Model | 双固定模型 | 双固定模型 | 双固定模型 | 双固定模型 |

注：括号中的值为标准差，*、**、*** 分别表示在 1%、5%、10% 的显著性水平下拒绝原假设。

从表 6－4 和表 6－5 中借用规模变量的估计结果来看，长三角、珠三角与成渝城市群主要表现为目标城市向经济活动密度较高的大城市实施借用规模行为（区域经济差距缩小），而京津冀城市群则主要表现为目标城市对经济活动密度较低的中小城市产生集聚阴影现象（区域经济差距扩大）。

表 6－5　　　　不同城市群的基准模型回归结果（2）

| 被解释变量：*TFP* | 模型 1 | 模型 2 | 模型 3 | 模型 4 |
|---|---|---|---|---|
| | 哈长 | 中原 | 成渝 | 北部湾 |
| *BOR_PER* | －0. 028<br>(0. 191) | －0. 004<br>(0. 008) | 0. 016 *<br>(0. 010) | 0. 001<br>(0. 007) |
| *DEN* | 0. 125<br>(0. 159) | －0. 025<br>(0. 084) | 0. 219 **<br>(0. 098) | －0. 125<br>(0. 110) |
| *S_DEN* | －0. 152<br>(0. 165) | 0. 004<br>(0. 122) | －0. 162 *<br>(0. 085) | 0. 017<br>(0. 014) |
| *Constant* | 1. 256 ***<br>(0. 212) | 1. 025 ***<br>(0. 075) | 0. 974 ***<br>(0. 067) | 0. 872 ***<br>(0. 152) |
| 控制变量 | YES | YES | YES | YES |
| *Obs* | 130 | 377 | 208 | 130 |
| R－squared | 0. 141 | 0. 731 | 0. 643 | 0. 288 |
| Model | 双固定模型 | 双固定模型 | 双固定模型 | 双固定模型 |

注：括号中的值为标准差，*、**、*** 分别表示在 1%、5%、10% 的显著性水平下拒绝原假设。

借用规模和集聚阴影在我国八大国家级城市群中表现有所差异，这可能是由于不同城市群的空间结构差异所致。上文在对我国八大国家级城市群的空间结构进行测度时，发现长三角城市群和珠三角城市群表现为多中心化的发展趋势，而京津冀城市群和中原城市群单中心空间结构特征明显，这也与刘等（Liu et al.，2015）、赵渺希等（2015）、黄妍妮等（2016）的研究结论基本保持一致。而与此相对应的，长三角城市群和珠三角城市群主要表现出了借用规模行为。反观京津冀和中原城市群，它们的单中心结构使中小城市在城市群中更多地表现为从属于大城市的地位，不容易出现借用规模行为，或是易于产生虹吸效应，出现集聚阴影。于是京津冀表现出了“环京津贫困带”现象，而中原城市群的借用规模行为也并不显著。虽然成渝城市群也属于单中心空间结构，但其表现出较为明显的多中心化趋势，最终产生了借用规模行为。

## 2. 借用规模与多中心空间结构对城市群集聚经济的交互影响

为了进一步检验多中心空间结构是否有利于借用规模的集聚经济效应发挥，表 6－6 中的模型 1 与模型 3 进一步引入了知识多中心空间结构及其与借用规模指数的交互项。而表 6－6 中模型 2 与模型 4 则表示在考虑通达性以后，借用规模对城市群集聚经济的影响。

表 6－6　　借用规模对城市群城市全要素生产率的影响

| 变量 | 模型 1 | 模型 2 | 模型 3 | 模型 4 |
|---|---|---|---|---|
| | *TFP* | | *WAGE* | |
| *BOR_PER* | 0.004***<br>(0.001) | | 0.032***<br>(0.007) | |
| *BOR_PER*<br>(考虑通达性)[①] | | 0.001**<br>(0.000) | | 0.008***<br>(0.002) |
| *POLY＊BOR* | 0.004***<br>(0.001) | | 0.026***<br>(0.008) | |
| *POLY* | −0.006<br>(0.016) | | −0.181**<br>(0.088) | |
| *DEN* | −0.002<br>(0.019) | 0.001<br>(0.019) | 0.160<br>(0.105) | 0.193<br>(0.120) |
| *S_DEN* | −0.001<br>(0.003) | −0.000<br>(0.003) | −0.023<br>(0.015) | −0.023<br>(0.018) |
| Constant | 1.035***<br>(0.026) | 1.027***<br>(0.021) | 0.943***<br>(0.145) | 1.165***<br>(0.130) |
| 控制变量 | YES | YES | YES | YES |
| *Obs* | 1 823 | 1 859 | 1 823 | 1 859 |
| R－squared | 0.375 | 0.350 | 0.926 | 0.901 |
| Model | 双固定模型 | 双固定模型 | 双固定模型 | 双固定模型 |

注：括号中的值为标准差；***、**、* 分别表示在 1%、5% 和 10% 水平下显著。

① 为了考察通达性对借用规模的影响，本章节还参考梅耶斯和伯格（Meijers and Burger，2017）的做法，将网络通达性引入模型，利用时间距离矩阵（城际间火车旅行时间来衡量）$T_{ijt}$ 来替代第五章中 BOR－PER 计算公式中的 $W_{ijt}$。

从表 6 -6 的计量结果可以看出，无论被解释变量为城市全要素生产率（*TFP*）还是城市平均工资水平（*WAGE*），借用规模的回归系数显著性并未发生较大变化，说明估计结果稳健可靠。就我国八大国家级城市群的整体情况来看，在城市群内部确实存在借用规模现象①，它使得目标城市能借用与其邻近或远离（用地理或时间距离来表示）城市的集聚经济，从而获得快速发展。此外，表 6 -6 中模型 1 与模型 3 中借用规模与多中心指数交互项回归系数显著为正，说明知识多中心空间结构特征越明显，城市通过实施借用规模行为获得的集聚经济效应水平就越高，中小城市便通过借用规模所实现的集聚经济效应获得快速发展机会，从而实现地区的协调发展，即城市群的空间结构能影响城市群的借用规模大小。因为，在多中心城市群结构中，中心城市和次中心城市的数量相对较多，分布也相对均匀，这样的城市群网络结构使得中小城市更容易接近大城市，更有利于借用规模行为的发生。此外，在多中心城市群体系中，城市与城市之间的相对地位也更为均衡（Hall and Pain，2006），不论是交通网络的布局还是基础设施的建设都不会是围绕某一个中心城市展开，如此，大城市的发展便不会以牺牲中小城市的发展为代价，中小城市便能从大城市的发展中受益。除此之外，在多中心城市群体系中，城际之间的分工协作更为普遍，中小城市便能通过紧密的分工协作关系借用大城市的功能规模。反之，在单中心城市群结构中，中心大城市的数量相对较少，中心大城市与外围中小城市的地位也不对等，中小城市更多的是处于从属地位，交通基础设施的布局建设也主要围绕中心大城市展开。基于此，中小城市向大城市的借用规模行为便受阻，而中心大城市对中小城市产生集聚阴影则更为容易。梅耶斯等（Meijers et al.，2016）在研究城市网络体系中的借用规模行为时就发现，借用规模在多

① 借用规模系数显著为正，说明与目标城市邻近或远离城市的经济密度越高（大城市），目标城市所能借用的集聚经济益处也就越多，即发生了借用规模行为；反之，若借用规模系数显著为负值，说明与目标城市邻近或远离城市的经济密度越低（小城市），目标城市所能借用的集聚经济益处就越多，即发生了集聚阴影现象。这里并未区分目标城市本身的规模大小，因为梅耶斯和伯格（Meijers and Burger，2017）指出大城市之间或中小城市之间也可能产生借用规模或集聚阴影。

中心城市区域具有更高的出现频率。最后，表6－6中模型2与模型4考虑通达性水平以后的借用规模系数均显著为正，说明借用规模行为的发生需要充分考虑城际之间通达性水平。

### 6.5.2 基于空间溢出效应视角下的再分析

本章节接下来将考察知识多中心空间结构对经济增长的空间溢出效应及其异质性影响。为了检验城市经济增长（GR）是否存在空间相关性，本章节采用 Moran I 指数来衡量，其具体计算公式如下：

$$I=\frac{n\sum_{j=1}^{n}\sum_{k=1}^{n}w_{jk}(GR_j-\overline{GR})(GR_k-\overline{GR})}{\sum_{j=1}^{n}\sum_{k=1}^{n}w_{jk}\sum_{j=1}^{n}(GR_j-\overline{GR})^2}=\frac{\sum_{j=1}^{n}\sum_{k=1}^{n}w_{jk}(GR_j-\overline{GR})(GR_k-\overline{GR})}{S^2\sum_{j=1}^{n}\sum_{k=1}^{n}w_{jk}} \tag{6-13}$$

其中，$GR_j$ 与 $GR_k$ 为 $j$ 城市与 $k$ 城市所要考察的空间相关性变量，$S^2$ 是经济增速（GR）的方差，$\overline{GR}$ 为所有城市的平均增速，$w_{jk}$ 为知识合作网络的空间权重矩阵。关于知识合作网络空间权重矩阵的设置，本章节主要采用 Web of Science 核心数据库中两两城市之间的期刊合作数量构建了143×143的空间权重矩阵。

由表6－7的检验结果可知，除个别年份以外，城市经济增长（GR）之间存在正向的空间相关性。所以模型的估计需要采用空间计量方法。

**表6－7　2000～2016年城市经济增长空间相关性的 Moran I 指数**

| 年份 | 2000 | 2001 | 2002 | 2003 | 2004 | 2005 | 2006 | 2007 | 2008 |
|---|---|---|---|---|---|---|---|---|---|
| Moran I | 0.017 | 0.036 | 0.032 | 0.145*** | 0.178*** | 0.199*** | 0.307*** | 0.280*** | 0.272*** |
| 年份 | 2009 | 2010 | 2011 | 2012 | 2013 | 2014 | 2015 | 2016 | / |
| Moran I | 0.236*** | 0.225*** | 0.323*** | 0.320*** | 0.129** | 0.253*** | 0.121** | －0.009 | / |

注：*、**、*** 分别表示在1%、5%和10%的显著性水平下拒绝原假设。

接下来，本章节将首先聚焦知识多中心空间结构对经济增长的空间溢出效应影响。由于空间误差模型的误差项等存在空间相关性，故本章节采用了最大似然法（MLE）对模型进行参数估计（Lee and Yu，2010）。从表6-8的估计结果可以看出，不论是采用空间误差模型、空间滞后模型估计，还是采用静态面板以及动态面板模型估计，各解释变量回归系数的正负号及显著性基本一致，说明模型估计结果稳健可靠。

**表6-8　知识多中心空间结构对经济增长的空间溢出效应影响的回归结果**

| 被解释变量：*GR* | 模型1 | 模型2 | 模型3 | 模型4 | 模型5 |
|---|---|---|---|---|---|
| | 静态随机效应空间误差模型（SEM） | 静态双固定效应空间误差模型（SEM） | 静态随机效应空间滞后模型（SAR） | 静态双固定效应空间滞后模型（SAR） | 动态双固定效应空间滞后模型（SAR） |
| $\gamma$ | 0.447***<br>(0.043) | 0.261***<br>(0.047) | | | |
| $\rho$ | | | 0.401***<br>(0.040) | 0.308***<br>(0.046) | 0.203***<br>(0.036) |
| *PGDP* | -0.044***<br>(0.008) | -0.059***<br>(0.020) | -0.044***<br>(0.007) | -0.059***<br>(0.018) | -0.042***<br>(0.012) |
| *L.GR* | | | | | 0.606***<br>(0.036) |
| *P* | 0.061***<br>(0.008) | 0.025***<br>(0.007) | 0.035***<br>(0.005) | 0.018***<br>(0.005) | 0.006*<br>(0.003) |
| *Constant* | 0.056***<br>(0.017) | | 0.033***<br>(0.015) | | |
| 控制变量 | YES | YES | YES | YES | YES |
| R-sq | 0.298 | 0.301 | 0.297 | 0.313 | 0.687 |
| Log-L | 3 340.42 | 3 148.61 | 3 340.42 | 3 148.03 | 3 342.56 |
| Obs① | 2 431 | 2 431 | 2 431 | 2 431 | 2 288 |

注：括号中的值为标准差；*、**、*** 分别表示在1%、5%和10%的显著性水平下拒绝原假设。空间面板回归的样本量不同于上文中的样本量，主要是由于部分指标在部分年份有缺失，但空间面板计量模型的估计需要平衡面板数据，所以此处通过平滑处理，已将缺失数据补齐。

从表6-8中经济增长的空间误差项回归系数（$\gamma$）和空间滞后项回归系数（$\rho$）结果来看，它们均显著为正，说明城市经济增长受知识合作空间网络的影响较为明显，城市与城市之间可以借由知识合作产生经济增长的溢出效应。期初人均生产总值（*PGDP*）的回归系数均显著为负，说明在知识合作网络体系中，城市群内部存在趋同的经济现象，进一步验证了上文中的结论。而知识多中心空间结构的虚拟变量（*P*）的回归系数在 1% 的显著性水平下均为正，说明知识多中心空间结构水平越高，其所产生的经济增长空间溢出效应就越明显。但值得注意的是，由于该模型考虑了空间滞后项对被解释变量的影响，故此时的回归系数估计结果可能存在偏误（Elhorst，2014）。基于此，本章节参考（LeSage and Pace，2009）的做法，将人均生产总值（*PGDP*）以及知识多中心空间结构的虚拟变量（*P*）所产生的空间溢出效应进一步分解为直接效应、间接效应与总效应。

**表 6－9　　　　不同空间计量模型下的空间溢出效应**

| 被解释变量：*GR* | 模型 1 | | | 模型 2 | | |
|---|---|---|---|---|---|---|
| | 静态随机效应空间滞后模型（SAR） | | | 静态双固定效应空间滞后模型（SAR） | | |
| | 直接效应 | 间接效应 | 总效应 | 直接效应 | 间接效应 | 总效应 |
| *PGDP* | －0. 044 ***<br>（0. 007） | －0. 028 ***<br>（0. 007） | －0. 073 ***<br>（0. 014） | －0. 059 ***<br>（0. 019） | －0. 025 ***<br>（0. 009） | －0. 085 ***<br>（0. 026） |
| *P* | 0. 036 ***<br>（0. 005） | 0. 023 ***<br>（0. 004） | 0. 059 ***<br>（0. 008） | 0. 018 ***<br>（0. 005） | 0. 008 ***<br>（0. 003） | 0. 026 ***<br>（0. 007） |
| 被解释变量：*GR* | 模型 3 | | | 模型 4 | | |
| | 动态双固定效应空间滞后模型（SAR） | | | 动态双固定效应空间滞后模型（SAR） | | |
| | 直接效应（SR） | 间接效应（SR） | 总效应（SR） | 直接效应（LR） | 间接效应（LR） | 总效应（LR） |
| *PGDP* | －0. 043 ***<br>（0. 012） | －0. 011 ***<br>（0. 004） | －0. 054 ***<br>（0. 014） | －0. 114 ***<br>（0. 030） | －0. 115 **<br>（0. 051） | －0. 229 ***<br>（0. 073） |
| *P* | 0. 006 *<br>（0. 003） | 0. 001 *<br>（0. 001） | 0. 008 *<br>（0. 004） | 0. 016 *<br>（0. 008） | 0. 016 *<br>（0. 010） | 0. 032 *<br>（0. 017） |

注：括号中的值为标准差； * 、 ** 、 *** 分别表示在 1% 、5% 和 10% 的显著性水平下拒绝原假设。

由表 6－9 中空间溢出效应的估计结果可进一步佐证上文中的结论：

知识多中心空间结构（*P*）的提高促进了空间溢出效应的增长。需要补充的是，知识多中心空间结构的直接效应要略大于间接效应，即知识多中心空间结构的提升对本地区经济增长的影响要大于周边地区所带来的影响。最后，在动态面板模型的估计结果中，知识多中心空间结构所产生的长期空间溢出效应（*LR*）要大于短期空间溢出效应（*SR*），说明知识合作网络的多中心化对经济增长的影响是一种短期和长期兼顾的行为。

### 6.5.3 不同经济规模城市空间溢出效应的异质性分析

上面验证了知识多中心空间结构所产生的空间溢出效应要大于知识单中心的空间结构，即知识合作网络的多中心化能使经济增长的空间溢出效应获得短期和长期的稳定增长。但这种空间溢出的增长效应是否在不同经济规模城市中会有所差异，从而引致城市群内的经济发展差距扩大或缩小？本章节接下来将从不同经济规模城市空间溢出效应的异质性分析出发，以此来探析知识多中心空间结构实现城市群协调发展的作用机理。本章节在表6－10中进一步引入了城市人均生产总值（*PGDP*）与知识多中心空间结构虚拟变量（*P*）的交互项（$P \times PGDP$）。鉴于本章节采用的样本为城市数据，而每个城市都会有着自己的社会和经济特点，故一般采用双向固定效应模型，本章节在利用 Hausman 检验后也得出了同样结论。

**表6－10　　不同经济规模城市空间溢出效应的异质性回归结果**

| 变量 | 模型1 | 模型2 | | | |
|---|---|---|---|---|---|
| | 空间误差模型（SEM） | 空间滞后模型（SAR） | 空间滞后模型（SAR） | | |
| | | | 直接效应 | 间接效应 | 总效应 |
| $\gamma$ | 0.242***<br>(0.047) | | | | |
| $\rho$ | | 0.262***<br>(0.045) | | | |
| *PGDP* | −0.058***<br>(0.019) | −0.058***<br>(0.017) | −0.058***<br>(0.018) | −0.020***<br>(0.007) | −0.078***<br>(0.024) |

续表

| 变量 | 模型1 | 模型2 | | | |
|---|---|---|---|---|---|
| | 空间误差模型（SEM） | 空间滞后模型（SAR） | 空间滞后模型（SAR） | | |
| | | | 直接效应 | 间接效应 | 总效应 |
| *P* | 0.060 ***<br>(0.008) | 0.053 ***<br>(0.007) | 0.054 ***<br>(0.007) | 0.019 ***<br>(0.005) | 0.073 ***<br>(0.011) |
| *P* × *PGDP* | -0.043 ***<br>(0.007) | -0.036 ***<br>(0.006) | -0.037 ***<br>(0.006) | -0.013 ***<br>(0.004) | -0.050 ***<br>(0.009) |
| 控制变量 | YES | YES | | | |
| 个体固定 | YES | YES | | | |
| 时间固定 | YES | YES | | | |
| R-sq | 0.280 | 0.295 | | | |
| Log-L | 3 354.39 | 3 354.39 | | | |
| Obs | 2 431 | 2 431 | | | |

注：括号中的值为标准差；*、**、*** 分别表示在1%、5%和10%的显著性水平下拒绝原假设。

从表6-10的估计结果来看，期初人均生产总值（*PGDP*）以及知识多中心空间结构的虚拟变量（*P*）回归系数的估计结果与上文中结论一致，而二者的交互项（*P* × *PGDP*）系数回归结果则显著为负，说明经济规模越小的城市在知识多中心空间结构网络中所获得的空间溢出效应更多。结合以上分析结论可以看出，知识多中心空间结构可以通过提高城市群知识合作效率及知识创新合作的多样性来提高城市群的空间溢出效应，特别是城市群内部中小城市的空间溢出效应，以此来实现城市群经济的协调发展。

## 6.6 本章小结

“十三五”规划指出，我国经济在保持中高速增长的同时，还要注重经济发展的平衡性、包容性和可持续性。随着我国经济逐渐由行政区经济转变为城市群经济，城市群的建设尤其是多中心城市群的建设就被赋予了特殊的含义。重新梳理多中心空间结构与城市群协调发展之间的关系，对于构建“以城市群为主体，大中小城市和小城镇协调发展的城镇格局”具有非常重要的现实意义。本章节利用2000～2016年我国八大城市群面板数据及城市群内143个地级市面板数据，实证分析了多中心空间结构与城市群协调发展之间的内在关系。研究结果表明：(1) 从多中心空间结构促进城市经济增长的表现来看，形态单中心空间结构能通过规模效应来提升城市群的经济绩效，而知识多中心空间结构则通过提高知识合作创新的效率以及多样性来提高城市群的经济绩效。(2) 从多中心空间结构对城市群协调发展的影响来看，形态多中心空间结构对于实现城市群协调发展的作用效果不显著，但知识多中心空间结构却能有效促进城市群协调发展。形态上的多中心并不意味着功能或知识上的多中心，形态多中心背后所表征的空间均衡分布结构并不能保证知识上的区域互补，如此就可能导致多中心空间结构未能促进区域协调发展的偏误结论。(3) 从知识多中心空间结构促进城市群协调发展的作用机理来看，知识多中心空间结构可通过借由规模行为实现，或通过提高城市群内部知识合作效率，丰富城市群内部的知识创新多样性，来提高城市群内的空间溢出效应，特别是中小城市的空间溢出效应，以此来实现城市群经济的协调发展。既有文献在研究多中心空间结构时，重视存量数据的挖掘而忽视了流量数据所反映的知识信息流等，如此就可能低估多中心空间结构变化所带来的空间溢出效应影响。

基于此，为进一步推进多中心城市群建设，实现区域协调发展，启示在于：(1) 优化知识多中心空间分布结构。充分发挥各地区人力资本的比较优势，强化城际间知识分工与协作，逐步形成基于各自比较优势的城市群知识分工体系，对于缩小地区发展差距作用效果明显。(2) 建设知识多中心空间结构的前提条件就是人流和信息流的互联互通，如此而言，合理规划城市群基础设施建设，实现城市群内的交通与通信共享，引导中心城市知识向外溢出，对于帮助非中心城市借助“干中学”实现“弯道超车”意义重大。(3) 高铁的运营可通过“时空压缩效应”加速城际之间的知识交流与合作，基于此，加强城际间的高铁网络建设，打造以中心城市为核心的 1 小时通勤圈，对于培育知识多中心空间结构，实现城市群协调发展有积极作用。（4）相比于形态多中心空间结构建设，知识多中心空间结构建设是更具可持续性的城市群发展形态。

多中心空间结构是一个尺度依赖的概念，虽然本章节从城市群层面来进行研究，但城市群的范围选择（即城市群涉及的省份数量以及城市数量）也会影响其多中心空间结构的判断。基于此，本章节只能从相关发展规划文件的界定范围来确定城市群的研究样本。此外，功能多中心空间结构所涉及的内容较多，知识多中心只是其在知识联系上的具体表现。本章节囿于数据可获取性，并未涉及功能多中心空间结构所涵盖的交通流、物流、人流等信息。但为了避免功能多中心空间结构中交通便利程度对结论的影响（即可能并非是由于知识多中心空间结构导致了城市群协调发展，有可能是由于功能多中心空间结构在交通流上的变化引起），本章节还在计量模型中引入了通达性变量，结论依旧稳健。未来需要在多尺度层面（城市、省份、城市群以及国家层面）进一步深化对功能多中心空间结构的相关研究，并注意比较不同尺度研究结果的差异。

# 第 7 章

# 国外城市群协调发展的经验借鉴

## 7.1 欧美区域发展规划与城市群协调发展

如第 6 章所示，中国政府出台的相关城市群发展规划对促进城市群的演进以及区域协调发展都发挥着重要的作用。同样，在其他国家（地区）的多中心城市群协调发展实践中，也有着类似的总体发展规划，但因各国（地区）的实际情况不一而表现出一定的差异性，其中就不乏经典案例和优秀经验可供中国借鉴。

### 7.1.1 欧洲空间发展远景展望

1995 年的欧盟拥有 320 万平方公里土地和超过 3.7 亿居民，年均 GDP 达到 6.8 万亿埃居（ECU，当时欧洲的货币单位；此时，美国国内生产总值约为 6 万亿埃居）①。当时的欧盟无疑是世界上经济最强的地区之一。虽然欧盟经济总量较大，但在欧盟地域内部还是存在着严重的经

① 资料数据来自 *European Spatial Development Perspective* 和联邦统计办公室：1998 年外国统计年鉴. 威斯巴登，1998.

济不平衡现象，阻碍了欧盟实现地域经济一体化的进程。以巴黎地区、伦敦地区、米兰地区、汉堡和慕尼黑等大都市圈为代表的城市群，占据了欧盟近40%的人口和50%的GDP，地域面积也覆盖了欧盟近20%的疆域。相比之下，意大利南部地区和葡萄牙等地域人均GDP仅为欧盟平均水平的50%~60%。1996年整个欧盟地区人均GDP最高的25个地区与贫困地区的经济差距达到了2.4倍①。

由于欧盟各成员国之间以及各成员国内部经济发展水平差别较大，为了实现整个欧盟地区的协调可持续发展，缩小地区内的经济发展差距，需要构建一个均衡的空间发展格局。由欧盟提议，各成员国部长级以上官员参与，1999年在卢森堡正式通过了“欧洲空间发展远景展望”（European Spatial Development Perspective，ESDP）。ESDP作为寻求欧盟地域范围内平衡和可持续发展的跨区域空间发展规划纲领，对实现欧盟地域经济一体化及城市群的协调、可持续发展做出了突出贡献，对中国开展跨省域的城市群发展规划亦有很大的借鉴作用。

ESDP最核心的几个原则体现在发展均衡的多中心（polycentric）城镇体系和均衡发展基础设施建设，提高各地区之间的基础设施可达性上（景娟、钱云和黄哲姣，2011）。为了实现整个欧洲地区的均衡发展格局，规划建设不仅集中在少数几个国家或地区，还需要形成多头联动的多中心城镇体系。ESDP从三个维度讨论这种多中心性。首先，从空间形态和地理联系上，即从城市分布与城市合作形成的网络关系，探讨多中心的空间定义。其次，从结构多中心和制度中心性相区别的角度出发，前者讨论了多中心空间的演化过程，而后者则将重点放在自愿参与的原则上，因为ESDP是一个非官方性质的指导性文件，是欧盟各成员国基于各自国家的制度和法规所达成的整体性共识。所以，ESDP必须充分尊重各国原有的规划基础，是对各成员国原有规划的一种补充和完善。最后讨论了如何通过加强管理和制度建设来提高地区的多中心性（杨振山和蔡建明，2008；景娟、钱云和黄哲姣，2011）。除此以外，为了实现均

① 资料数据来自于*European Spatial Development Perspective*。

衡、可持续的发展目标，ESDP 还强调“机会均等”，因为只有各个国家或地区在发展过程中享有均等的发展机会，才能有利于发展多中心城市群协调发展的格局。但“机会均等”首要强调基础设施的均等化分布，所以在欧盟地区各大城市群之间以及城市群内部，不论是交通网络，还是通信设施的建设等都表现出不偏不倚、均等化布局的特征。

### 7.1.2 “美国 2050”空间战略规划

21 世纪以来，美国国内区域间、区域内部以及城市间经济发展差距不断拉大。相比于美国西部和南部地区较快的发展速度，美国其他地区的发展则有些不尽如人意。为了应对整个国家经济增长乏力、地区经济发展不均衡的困境，美国政府出台了“美国 2050”空间战略规划（刘慧、樊杰和李扬，2013）。

“美国 2050”空间战略规划是一项以基础设施投资建设为主的非官方国家战略，其核心内容是要打造一群具有全球竞争力的特大都市圈，以此来发掘美国经济新的增长点和新的地理单元。具体来说包括：东北地区、南加利福尼亚、五大湖地区、南佛罗里达、皮德蒙特地区、北加利福尼亚、亚利桑那、落基山脉山前地带、卡斯卡底、得克萨斯三角地带和沿海海湾地区 11 个超级都市区。这些都市区虽然只占到美国整个国土面积的 26%，却集中了 74% 的人口①，是美国经济活动最活跃的地区。

为了加强各大都市圈之间的经济联系，促进资源在各大都市圈之间的自由流通，高速铁路网规划就在“美国 2050”空间战略规划中发挥着重要作用。高速铁路网规划除了将美国综合排名前 100 的主要城市相互贯通以外，还重点连接了特大都市圈 500 英里以内的中小城市。这一做法不仅有利于促进整个国家的经济一体化建设，推动特大都市圈的发展，还能带动都市圈腹地城市的经济发展，从而缩小整个地区的经济发展差

① Yoav H. Defining U. S. Megaregions, America 2050 [OL/S]. http://www. america 2050. org/, 2009-11-03.

距，实现大都市圈的协调发展。除了高速铁路网络的规划以外，“美国2050”空间战略规划还涉及海港、联合运输网络中心、贸易通道等交通运输系统的设计，其目的在于通过提高大都市圈的区域可达性，使大都市圈成为美国对外连接的重要门户，同时提高大都市圈的全球竞争力水平（刘慧、樊杰和李扬，2013）。

在保障规划顺利实施的过程中，充分发挥市场的调节功能也必不可少。虽然“美国2050”空间战略规划提出要改革联邦政府的作用，尝试政府监管等新措施，但战略规划的实施仅仅只是一个提案，并没有联邦政府的参与，所以规划本身必须借由市场力量来推动。为了充分发挥市场的作用，规划中提出创新融资方式和多方合作机制等市场经济手段来推进规划项目本身的实施。此外，规划项目在制定过程中也为市场经济手段的实施提供了科学可靠的标准，如对城市群进行识别和提出落后地区划分标准等①。“美国2050”空间战略规划对于城市群的界定有明确的划分标准：人口密度大于200人/平方英里，且到2050年前，人口密度继续增加超过50人/平方英里。此外，人口增长率要达到15%以上，就业率也要增加15%，且到2025年新增总就业岗位在20 000个以上②，满足这些条件的地区就是城市群。就落后地区的划分标准来看，人口变化、工资变化、就业变化、平均工资四个指标中若有三个及以上指标排序在全国的后1/3，则被认定为落后地区③。针对城市群或落后地区，国家便可因地制宜，引导不同地区的市场经济发挥不同的作用。

## 7.2 韩国的去中心化发展举措

韩国都市圈主要集中在首尔市、仁川广域市和京畿道地区，是

① 蔡玉梅．美国2050空间展望（非官方）及特点［OL/S］，http：//blog.sina.com.cn/s/blog_4a6d40030102wh7p.html.

② Yoav H. Defining U. S. Megaregions, America 2050 ［OL/S］. http：// www.america 2050.org/，2009－11－03.

③ Lincoln Institute of Land Policy and Regional Plan Association. New Strategies for Regional Economic Development, Discussion paper and summary. http：//www.america 2050.org/，2009－10－17.

1960年以来迅速工业化和土地集中开发管理的产物。1990年，这几个都市圈土地虽然只占到全国国土面积的11.6%，但却聚集了全国42.7%的总人口。到了2000年，这一数字又进一步上升到46.5%。此外，2000年，该都市圈还集中了全国55%的制造业企业、70%的尖端企业、88%的大企业以及84%的国家公共机构等①。基于此，国内区域经济发展差距不断拉大。为了应对经济活动过于集中，地区经济发展差距逐步拉大等发展问题，一方面，韩国政府通过不断调整《国土综合开发规划》来向外疏解核心城市的非核心功能；另一方面，通过在非中心城市中试点建设"创新城市"来带动非核心地区的经济发展，帮助落后地区实现弯道超车。最后，韩国的高铁网络建设也提升了非核心区的通达性水平，实现了整个地区的经济一体化，缩小了地区的经济发展差距。

### 7.2.1 国土综合开发规划的调整

都市圈过度集中的人口和工业活动造成了交通堵塞、环境污染、房价上涨以及国土不均衡发展等一系列问题。虽然早在1962年，韩国就开始通过经济开发"五年计划"来解决国土开发过度集中问题，如《大城市人口集中防止对策》(1964)、《大城市人口及设施的调整对策》(1969)《关于抑制首都圈人口过度集中基本方针》(1970)等②。但这一时期的政策并没有具体的国家平衡发展计划，而且各项单独编制的规划则主要将精力集中在选择最佳地点和扩大工业和城市的物质基础设施上。这种以效率为导向的空间政策不可避免地进一步加剧了地区经济发展不平衡性③。20世纪70年代以后，韩国政府改变了过去以经济开发计划为基础

---

①② 蔡玉梅. 韩国首都圈区域规划的特点与启示 [OL/S]. http://blog.sina.com.cn/s/blog_4a6d40030102ewld.html.

③ KIM Y. W. Spatial Changes and Regional Development. In: Lee, G. Y., Kim, H. S. (Eds.), Cities and Nation, Planning Issues and Policies of Korea [M]. Korea Research Institute for Human Settlements. Nanam Publishing House, Korea, 1996: 53 - 78 (in Korean with English abstract).

进行单独国土开发的做法[①]，通过编制和调整综合性的《国土综合开发规划》（Comprehensive National Land Development Plans，CNLDPs）来推动地区经济均衡发展，见表 7－1。

**表 7－1　　　　韩国各阶段国土综合开发规划目标及战略**

| 时间 | 国家空间规划 | 规划目标 | 主要发展战略 |
|---|---|---|---|
| 1972～1981 年 | 第一次国土综合开发规划 | 提高国家土地使用效率，扩大物质基础设施；开发矿产资源，保护自然环境；改善生活环境 | 选择最佳位置（增长极）并扩大工业和城市发展的物质基础设施 |
| 1982～1991 年 | 第二次国土综合开发规划 | 建立自给自足的定居点，以实现均衡的国家发展；扩大整个韩国的发展潜力；改善人民的福利；保护自然环境 | 去中心化的区域发展路径，发展区域增长中心和区域定居区，以建立一个多中心的国家空间结构 |
| 1992～2001 年 | 第三次国土综合开发规划 | 促进区域经济发展和控制都市圈的增长；有效利用国家土地，有效改善人民福利，环境保护 | 扩大区域增长中心，以建立分散的国家空间格局 |

资料来源：JOON-KYO SEO. Balanced national development strategies：The construction of Innovation Cities in Korea［J］. Land Use Policy，2009（26）：649－661.

第一个《国土综合开发规划》（CNLDPs）于 1972 年推出。当时，为了支持经济和工业的快速发展，该规划在首都（首尔）和其他一些特殊地区选取了一些具有潜力的增长极。这些增长极区域旨在培育出大规模的出口制造企业，为该国的经济增长提供动力支撑[②]。就具体规划内容来看：主要是加强增长极地区的基础设施建设，包括建设大规模工业基础设施和建立交通、通信、水资源及能源供应网等。此外，规划还对开发适合地域特性的产业做出具体的部署安排[③]。

之后为了降低核心区域内人口和产业的集中度，第二个《国土综合开发规划》（CNLDPs）提出了促进其他较不繁荣地区经济增长的平衡发展目标。具体来看，为了实现国家平衡发展，一方面，积极培育一批成长潜力较大的城市，如重点开发大邱、光州、大田等城市，形成能与汉

①③　欧海若，鲍海君．韩国四次国土规划的变迁、评价及其启示［J］．中国土地科学，2002（04）：39－43.

②　JOON-KYO SEO. Balanced national development strategies：The construction of Innovation Cities in Korea［J］. Land Use Policy，2009（26）：649－661.

城与釜山实现联合发展的多核心空间结构；另一方面，转移汉城和釜山内不适合发展的工业，再配置或抑制大学等公共机构在核心地区的集中。此外，该计划还在50个城市中选择了15个区域增长中心，并将国家划分为28个自给自足的综合定居单位，以此来扩大国家的整体发展潜力。最后，针对岛屿、山区等相对落后地区，国土规划中将这些地域设定为特殊地域，政府给予积极支援或开发建设[①②]。

第三个《国土综合开发规划》（CNLDPs）又提出了扩大区域增长中心范围，以建立一个分散的国家空间格局的目标。首先，政府强调通过将区域中心城市与周边城乡联系起来，为整个区域创造自给自足、具有竞争力的集聚经济基础；其次，抑制核心地区的产业和人口集中趋势[③]。

### 7.2.2 创新城市试点建设

为配合《国土综合开发规划》（CNLDPs）的实施，韩国政府试图将城市发展的模式从集权和集中转变为分权和分散，以减轻首都地区在国家政体、人口和经济中的统治地位。根据这一意图，政府计划扩大非首都地区增长极的辐射范围，以此来增强整个首都和非首都地区的增长潜力[④]。这一目标主要通过“创新城市”的试点建设来实现。

创新城市试点建设主要是利用政策优势和税收优惠来吸引核心地区的企业到非核心地区进行重新安置，将核心地区原有的过度集中的企业进行分散化处理。创新城市的另一途径是通过设立创新科技园来提升非核心创新城市的创新软环境。例如，在非首都地区建立Daeduck科技园（DSP）的尝试，就是众多创新城市试点建设中最为成功的案例，它的建立为当地创新网络集群的发展做出了突出贡献。1973年，韩国政府启动了一项计划，即建立一个高科技研究复合体，该复合体即为Daeduck科技园（DSP）。该科技园位于韩国中部，占地面积达27平方公里。DSP主要为那些研究

---

①③④ JOON-KYO SEO. Balanced national development strategies：The construction of Innovation Cities in Korea［J］. Land Use Policy，2009（26）：649－661.

② 欧海若，鲍海君．韩国四次国土规划的变迁、评价及其启示［J］．中国土地科学，2002（04）：39－43.

和教育机构工作人员提供舒适的工作与居住环境。除此之外，政府还敦促一些政府资助的研究机构重新安置到DSP。20世纪80年代初期，一些大型企业的研究机构，如三星和LG等就被政府迁引至此。通过这样的努力，到20世纪90年代中期，公园已经发展到拥有大约60个机构，雇用了大约12 000名科学家和技术人员以及5 000名支持人员的创新高地。

### 7.2.3 高铁网络的布局与建设

20世纪60年代以来，首尔—釜山经济带的迅速发展造成了经济走廊交通拥堵等一系列问题。这条经济走廊拥有韩国当时约80%的制造设施和73%的全国人口，以及66%的铁路旅客输送量①②。因此，缓解首尔—釜山经济带的交通拥堵就成为了20世纪80年代韩国经济发展战略中最重要的部分。在各种解决方案中，高速铁路的建设和运营开始走入人们的视野③。概括来说，高铁网络建设从20世纪80年代开始到2018年已经经历了3个发展阶段，如表7-2所示。

**表7-2　韩国高铁发展历史阶段**

| 发展阶段 | 高铁线路（300公里/小时） | 动车线路（180~250公里/小时） | 改造的电气化铁路 |
|---|---|---|---|
| 阶段1（2004年） | 京釜线（首尔—大邱） | — | （大邱—釜山）（大田—木浦） |
| 阶段2（2010~2011年） | 京釜线（大邱—釜山） | （首尔—春川） | （密阳—晋州）（益山—丽水） |
| 阶段3（2018年） | 江原道线（清州—光州）首都圈线（首尔—平泽） | （首尔—釜山）；（原州—江陵）；（东海—浦项）；（庆州—浦项） | （首尔—仁川机场） |

资料来源：Hyojin Kim A，Selima Sultana. The impacts of high3speed rail extensions on accessibility and spatial equity changes in South Korea from 2004 to 2018［J］. Journal of Transport Geography，2015（45）：48-61.

① KOSIS，Korean Statistical Information Service，2011. http：//kosis. kr/statisticsList/statisticsList_01List. jsp? vwcd = MT_ZTITLE&parentId = A（in Korean）.

② Hyojin Kim A，Selima Sultana. The impacts of high-speed rail extensions on accessibility and spatial equity changes in South Korea from 2004 to 2018［J］. Journal of Transport Geography，2015（45）：48-61.

③ Mun J.，Kim D. Construction of High-speed Rail in Korea. The KDI School of Public Policy and Management. Report，2012.

2004 年首尔到大邱的第一条高铁线路顺利运营通车，运行时速达300 公里/小时。同时韩国铁路管理局还对原有铁路轨道进行矫直和电气化处理，升级了许多常规铁路线，最高运行时速可达 150 公里/小时①。在高铁网络扩展的第二阶段（2010 ~ 2011 年），从大邱到釜山的高铁线路也全面贯通。韩国高速铁路通过连接从大邱到密阳升级的传统线路以及从密阳到晋州升级的传统线路，也开始直接在首尔和晋州之间运营。此外，为了服务韩国的西南地区，高速铁路开始使用首尔和大田之间的京釜高铁线路，并通过大田和益山之间升级的传统线路以及益山和丽水之间升级的传统线路实现连接。最后，韩国铁路管理局还将首尔和春川之间的线路升级为动车组（Semi - HSR）服务②。在第三次高铁网络扩展阶段（2018 年），除了完成少数高铁线路升级之外，韩国铁路管理局还将在 2018 年之前升级其他常规线路为动车组（Semi - HSR）服务③。首尔和木浦之间的高铁服务将通过改善青州和光州之间的线路实现，以此来为不发达的西南地区提供 300 公里/小时的运输服务。为了确保首尔大都市区具有足够的铁路运力，平泽和首尔之间的额外高铁线路也于2018 年投入运营④。

总而言之，三次高铁网络规划在疏解首尔—釜山经济带过度拥挤的同时，还加强了韩国西南部地区的铁路网络建设。特别是到高铁网络规划的第二阶段和第三阶段，更多西南落后地区开始进行高铁网络规划。虽然经济落后地区运行时速达 300 公里/小时的高铁线路不多，但是考虑到这些地区实际的经济发展水平和旅客运输的需求量，一些动车线路（Semi - HSR）服务和对传统铁路线路的提速升级也成为了这些地区改善

---

① Kim C. H. Transportation revolution: the Korean high-speed railway [J]. Jpn. Railway Transp. Rev. 2005 (40): 8 - 13.

② Hyojin Kim A, Selima Sultana. The impacts of high-speed rail extensions on accessibility and spatial equity changes in South Korea from 2004 to 2018 [J]. Journal of Transport Geography, 2015 (45): 48 - 61.

③④ Molit, Ministry of Land, Infrastructure, and Transport of South Korea, 2011. The Nation Railway Network Plan. Report. < http: //www. molit. go. kr/USR/I0204/m_45/dtl. jsp? idx = 8132 > (in Korean).

交通状况的主要途径。此外，作为均衡发展战略的一部分，韩国高速铁路系统对区域均衡发展也产生了深远的影响。随着全国各地区可达性的增加，高铁站充当交通节点，吸引了大量的客流容量，提升了各高铁城市的经济活力①。

## 7.3 本章小结

虽然欧洲地区与中国在政治制度以及经济发展阶段上都有所差异，但“欧洲空间发展远景展望”追求协调和可持续发展的目标与中国区域协调发展战略的思想是保持一致的。其中，构建以城市群为主体，大中小城市与小城镇协调发展的城镇格局的发展思路就与“欧洲空间发展远景展望”中关于构建均衡的多中心城镇体系的发展思路有着异曲同工之妙。值得借鉴的是，在基础设施的规划布局上要更多考虑平衡性和均等性，让城市群内中心城市与腹地城市都能够拥有均等的发展机会。

以基础设施投资建设为主导是“美国 2050”空间战略规划的一个突出特点，而强调跨行政区域合作，充分发挥市场调节功能则是规划得以顺利实施的必要保障。虽然中国也有“2 万亿”的财政资金支持，其主要用于基础设施的投资建设，这也为城市群体系的形成奠定了坚实基础。但城市群内部各地区之间的市场分割现象依旧较为严重，跨区的行政合作相对较少。虽然中国也在借鉴和学习西方的多方合作机制，如长三角等地区的经济联席会等，这些尝试也取得了一定的效果。但城市群的发展规划不能仅依靠政府的力量来推动，仅通过行政手段来打破地区行政壁垒，以此来实现城际之间的产业分工与协作，它更多还需要依靠市场手段的力量，这样才能保证发展规划真正落地生根，发挥引领作用。

韩国的高铁网络建设与中国的高铁网络建设一样，都发端较早。它

---

① Hyojin Kim A，Selima Sultana.，JOE WEBER. A geographic assessment of the economic development impact of Korean high-speed rail stations［J］. Transport Policy，2018（66）：127－137.

们的发展阶段也基本一致，所以在高铁网络布局中就有着某些共同的发展特征。例如，在高铁线路的建设上都是走从点到面、从集中到均匀的发展路径。值得注意的是，韩国在高铁网络布局上有关效率与公平兼顾的做法却值得中国好好学习和总结。一方面，韩国政府继续加大对发达地区高铁线路的规划建设力度；另一方面，也积极谋划针对西南落后地区的高铁线路规划和改造。考虑到西南落后地区实际的经济发展水平和旅客运输的需求量，韩国政府对这一区域的高铁线路规划主要是从改造一些既有的动车线路（Semi - HSR）和传统铁路线路出发。这样既实现了落后地区交通运输动能的提速升级，实现了落后地区与中心发达地区的密切交流往来；也实现了规划建设成本的最小化和效用的最大化，做到了公平与效率的统一。

# 第8章

# 本书的主要结论及政策建议

本书通过梳理国内外城市群发展道路的历史演进，明晰了城市群是城镇化发展到高级阶段的产物。但在城市群发展过程中不可避免地会遇到行政区划壁垒的问题以及区域不协调发展的困境。进入新时代以后，中国区域经济特征发生了一些新的变化，同时也面临着一些新的挑战，更进一步地凸显了城市群一体化建设及其协调发展的重要性。基于此，本书进一步研究发现，高铁网络布局以及经济协调会合作制度的试点建设有效地打破了城市群内部“以邻为壑”的市场分割现象，而经济区发展规划政策的颁布实施以及高铁的建设与运营则有效强化了城际之间的分工与合作，促进了城市群的协调发展。最后，多中心空间结构，尤其是功能（知识）多中心空间结构作为谋求空间均衡发展的重要政策工具和手段，其不仅有利于借用规模行为的发生，还能通过空间溢出效应的差异间接实现城市群的协调发展。基于以上结论，要解决城市群域内的市场分割窘境和不协调发展问题，要在合理规划城市群基础设施建设，实现城市群内的互联互通的同时，还要优化高铁网络的布局，帮助非中心城市和中小规模城市实现“弯道超车”。要积极推进城市群经济协调会合作机制建设，削弱地方保护主义倾向，减少城市群内产业同构现象，帮助各城市完成从小而全向大而精的产业发展方向转变。要充分发挥各地区比较优势，强化城际间产业分工与协作，逐步形成以中心城市承担总部管理与研发功能，以次中心城市承担生产制造功能的城市产业分工体系。具体来看可以从以下七个方面展开。

第一，以城市群为主体积极推进新型城镇化建设。城市群是新型城镇化发展到一定阶段的必然产物。但中国幅员辽阔，地区与地区之间城镇化发展水平差距较大，所以不同地区的功能多中心城市群建设需要遵循不同的发展路径。对于东部沿海地区城镇化水平较高的城市群，引导产业和人口的转移与扩散，走去中心化的扩散路径，更有利于城市群道路的不断向前推进。但对于中西部地区城镇化水平较低的城市群，进一步提高地区通达性水平和城镇化水平，加强城市之间的分工与协作，走功能一体化的集聚路径，对城市群经济建设及其协调发展可能更具效果。但人口的自由流动需要以户籍制度的变革为前提，户籍制度是政府用来引导人口流动的主要工具之一。所以，政府在户籍制度的变革方向上，并非是要实现人口在各大城市之间的均匀分布，而是要基于各城市的比较优势，基于各城市的环境承载力水平，适当提高具备条件城市的人口集聚水平。在东部沿海地区，人口流动需要表现为多中心的集聚，而在中西部地区，人口流动则表现为单中心的集聚。与此相对应的户籍制度政策便是要优先放开中西部地区，有条件地放开东部地区。

第二，打破行政区经济占主导的区域经济发展格局，塑造利益共享、风险分担的城市群经济共同体。行政区经济的典型特征就是基于行政壁垒的市场分割。而市场分割的诱因是多方面的，所以破除城市群内的市场分割也是一项系统性工程。它不仅需要从自然性和技术性市场分割层面着手解决，还需要破除制度层面的束缚。基于此，打破市场分割一方面需要通过高铁运营为资源的快速流动创造便利的条件，另一方面还需要加强城际间政府在制度层面的交流与合作来为资源的自由流动提供制度保障。城市群经济的一个重要特征就是经济活动的网络化。而实现经济活动的网络化不仅需要提高城市群内部各个城市的对外开放程度，保障各城市间人流、物流、信息流、资金流的畅通，还需要加强城市间在各领域的交流与合作。

第三，进一步完善常态化与长效协调机制建设。城市群经济协调会作为共谋发展、互利合作的重要平台，在推动地区市场整合和一体化发展的过程中发挥着重要作用。虽然城市群内部的市场分割程度趋于弱化，城市群内各自为政的局面有所改观，但经济协调会的权限范围相对狭窄，尚未拥有自主资源调配等权限，经济协调会的实施主体依旧受到各自所属行政区的约束，执行力相对偏弱。基于此，在进一步拓宽城市群经济协调会合作范围的同时，还需要适当拓宽经济协调会的权限范围，增强城市群经济协调会的监督与约束职能，提高经济协调会运行主体的自由度。此外，还可以考虑建立城市群协调专业委员会，为城市群经济协调会提供智力支撑。最后，各地区城市群在进行经济协调会合作机制建设时，一方面，需要充分考量本地区的交通通达性情况，将经济协调会扩容范围控制在一定限度内；另一方面，经济协调会纳入的会员城市最好也能够彼此邻近。

第四，继续有效推进城市群发展规划的编制和实施。重点加强相关规划的有效衔接和前瞻性研究，强化功能布局互动。从提升城市群整体竞争力出发，发挥各地比较优势，协调处理好城市群内部大中小城市的关系，明确城市功能定位，强化错位发展，形成分工合理与各具特色的区域空间格局。具体来看，相关城市群发展规划是城市群一体化发展的指导性、约束性文件，它除了要突出强调区域经济一体化和区域合作发展，还需要涉及城市功能定位及分工协作机制。除此之外，明确指出规划实施的保障体系对于城市群发展规划的顺利实施也至关重要。基于此，可以推进联动监督，促进城市群发展规划有计划、按进度有效落实。在城市群发展规划的编制中，可以把规划的组织实施、督促落实等要求具体细化，并建立中央及相关部委牵头、相关省市参加、推动规划落实的工作制度，形成会商决策机制、协调推动机制、执行落实机制、督查问责机制。最后，产业分工与协作有利于功能多中心城市群的演进。所以，政府在制定区域规划政策时可以结合各地区位发展条件，合理布局产业分工体系。针对内陆地区与沿海地区不同的产业发展基础，引导内陆重工业地区走精细化发展路径，延长产业链条，提升地区市场化水平。引导沿海轻工业地区继续推进高精尖化发展，提升对外开放水平，加强国际交流与合作。

第五，基于各自比较优势，强化城市群产业集群建设。产业集聚虽然在一定阶段内会促使中心城市的进一步发展，但长远来看，随着产业集聚水平的进一步提升，最终会促进中心城市产业向外扩散，从而形成多中心城市群结构。所以，针对不同地区，应该结合它们各自的产业发展情况，因地制宜，分类指导。针对产业集聚水平偏低的城市群，需要进一步提高中心城市经济技术开发区和高新技术开发区等的政策吸引力度，以此来提高中心城市的产业集聚水平。但优惠政策的制定最好能“一市（区）一策”，不同中心城市或地区可以选择性地加大某一地方优势产业的支持力度，在避免产业同构现象的同时，还能形成基于产业链互补的产业集群。除此之外，政府要改变单纯依赖提供优惠政策吸引产业的做法，要在营造整体政策软环境方面多下功夫，包括简化手续、提供优良的公共服务和产业引导等。针对产业集聚水平偏高的城市群，需要结合非中心城市的产业转移示范区等政策，引导中心城市的产业有序向腹地城市迁移，促进功能多中心城市群的演进和发展。以长三角城市群为例，虽然上海地区经济发达、科研力量强大，但若要形成雄厚的产业基础和完整的产业链优势，还需要继续加强和腹地城市的经济合作与联系，如此便能朝着打造世界级产业集群的目标，促进我国产业迈向全球价值链中高端。

第六，科学合理布局城市群基础设施建设，实现城市间互联互通。城市群通达性水平的提高和城市群产业分工与协作的加强对形成功能多中心城市群结构效果明显。加强城际之间的高铁网络建设，打造 1 小时通勤圈，在大城市群范围内布局产业分工体系，强化城市之间的分工与协作，对建设城市群功能多中心空间结构意义重大。具体来说，需要在培育单中心或双中心都市圈的区域，围绕中心城市的发展目标来布局高铁网络的建设。对于需要发展功能多中心城市群的区域，需要加强城市群内部城市中心区域与周边区域的经济联系，扩大市域（郊）铁路公交化运营服务的有效供给，形成以中心区为轴心的 1 小时通勤圈，更好地带动小城镇与中心城区的协调发展。当然，除了高铁网络布局以外，航空、陆运等其他交通方式也应该照此逻辑展开。除此之外，还要加强各种交通运输方式之间的有效衔接，提高共享共用的政策运用，促进交通资源利用率的提升和要素流动和资源的优化配置。最后，城市群基础设施建设要加强规划对接和功能布局互动，域内各城市要充分考虑自身功能定位与周边城市的协同发展，减少低水平重复建设现象。

第七，强化城市产业集群创新，提高中心城市和腹地城市的综合竞争力水平。新时代城市群的发展需要从过去的投资拉动向创新驱动转变。城市群内的中小城市由于缺少必要的创新要素，在创新驱动发展的转变中往往处于不利地位，而中心城市对创新要素的垄断式占有，容易加剧地区发展的不平衡程度。基于此，针对城市群中心城市，可进一步激发其创新主体的创新活力，通过引进海内外高层次创新人才和关键核心技术、开展企业之间的科技合作、促进成果引进和转化等方式，推动国际优质科技资源向中心城市集聚；针对城市群内的中小城市，在集中区域内科技资源的同时，可以采取与大城市协同创新的模式，来进一步强化技术创新，也可以通过联合攻关来提高自主创新能力，实现科技研发一体化，谋求局部科技研发优势与强势，带动相关核心技术发展；针对沿海城市群地区的城市，需要进一步提高其对外开放水平，积极探寻全球化的价值链纵深推进方式，延展和拓宽产业链，提升产业集群竞争力。

# 参考文献

## 一、中文部分

[1] 埃比尼泽·霍华德. 明日的田园城市 [M]. 北京：商务印书馆，2010.

[2] 彼得·霍尔. 多中心大都市：西欧巨型城市区透视 [J]. 钱雯，译. 城市与区域规划研究，2009 (3)：1-17.

[3] 薄文广. 外部性与产业增长——来自中国省级面板数据的研究 [J]. 中国工业经济，2007 (1)：25-34.

[4] 陈敏，桂琦寒，陆铭，陈钊. 中国经济增长如何持续发挥规模效应——经济开放与国内商品市场分割的实证研究 [J]. 经济学（季刊)，2007 (1)：125-150.

[5] 陈群元，宋玉祥. 中国城市群的协调机制与对策 [J]. 现代城市研究，2011 (3)：79-82.

[6] 陈玉，孙斌栋. 京津冀存在"集聚阴影"吗？——大城市的区域经济影响 [J]. 地理研究，2017 (10)：1936-1946.

[7] 程必定. 泛长三角区域合作机制及政府管理创新 [J]. 安徽大学学报（哲学社会科学版)，2009 (5)：133-138.

[8] 董艳梅，朱英明. 高铁建设能否重塑中国的经济空间布局——基于就业、工资和经济增长的区域异质性视角 [J]. 中国工业经济，2016 (10)：92-108.

[9] 范爱军，李真，刘小勇. 国内市场分割及其影响因素的实证分析——以我国商品市场为例 [J]. 南开经济研究，2007 (5)：111-119.

[10] 范欣，宋冬林，赵新宇. 基础设施建设打破了国内市场分割吗?[J]. 经济研究，2017 (2)：20-34.

[11] 范子英，张军. 财政分权、转移支付与市场整合 [J]. 经济

研究，2010（3）：53－54.

［12］方创琳，宋吉涛，张蔷等. 中国城市群结构体系的组成与空间分异格局. 地理学报，2005，60（5）：827－840.

［13］方创琳. 城市群空间范围识别标准的研究进展和基本判断［J］. 城市规划学刊，2009（4）：1－6.

［14］方创琳. 中国城市群研究取得的重要进展与未来发展方向［J］. 地理学报，2014，69（8）：1130－1144.

［15］费孝通. 乡土中国［M］. 北京. 中华书局出版，2013.

［16］傅十和，洪俊杰. 企业规模、城市规模与集聚经济——对中国制造业企业普查数据的实证分析［J］. 经济研究，2008（11）：112－125.

［17］顾朝林. 中国城市经济区划分的初步研究［J］. 地理学报，1991（2）：129－141.

［18］桂琦寒，陈敏，陆铭，陈钊. 中国国内商品市场趋于分割还是整合——基于相对价格法的分析［J］. 世界经济，2006（2）：20－30.

［19］何江，张馨之. 中国区域经济增长及其收敛性：空间面板数据分析［J］. 南方经济，2006（5）：44－52.

［20］胡煜，李红昌. 交通枢纽等级的测度及其空间溢出效应——基于中国城市面板数据的空间计量分析［J］. 中国工业经济，2015（5）：32－43.

［21］黄妍妮，高波，魏守华. 中国城市群空间结构分布与演变特征［J］. 经济学家，2016（9）：50－58.

［22］金相郁，武鹏. 中国区域经济发展差距的趋势及其特征——基于 GDP 修正后的数据［J］. 南开经济研究，2010（1）：79－96.

［23］景娟，钱云，黄哲姣. 欧洲一体化的空间规划：发展历程及其对我国的借鉴［J］. 城市发展研究，2011（6）：1－6.

［24］柯善咨，郭素梅. 中国市场一体化与区域经济增长互动：1995－2007 年［J］. 数量经济与技术经济研究，2010（5）：62－73.

［25］李红昌，Linda Tjia，胡顺香. 中国高速铁路对沿线城市经济集聚与均等化的影响［J］. 数量经济技术经济研究，2016（11）：127－143.

［26］李金凯，张同斌．中国城市生产率增长中FDI的分层影响和非对称效应研究［J］．产业经济研究．2018（4）：14－25.

［27］李仙德，宁越敏．城市群研究述评与展望［J］．地理科学，2012（3）：282－288.

［28］刘会政，王立娜．劳动力流动对京津冀区域经济发展差距的影响［J］．人口与经济，2016（2）：10－20.

［29］刘慧，樊杰，李扬．“美国2050”空间战略规划及启示［J］．地理研究，2013（1）：90－98.

［30］刘乃全，吴友．长三角扩容能促进区域经济共同增长吗［J］．中国工业经济，2017（6）：79－97.

［31］刘生龙，胡鞍钢．交通基础设施与经济增长：中国区域差距的视角［J］．中国工业经济，2010（4）：14－23.

［32］刘生龙，胡鞍钢．交通基础设施与中国区域经济一体化［J］．经济研究，2011（3）：72－82.

［33］刘士林．城市群的全球化进程及中国经验［J］．学术界，2012（6）：19－28.

［34］刘士林．关于我国城市群规划建设的若干重要问题［J］．江苏社会科学，2015（5）：30－38.

［35］刘士林．江南城市性格与变迁的人文解读与现代阐释［J］．上海交通大学学报（哲学社会科学版），2012（3）：59－67.

［36］刘修岩，李松林，陈子扬．多中心空间发展模式与地区收入差距［J］．中国工业经济，2017（10）：25－43.

［37］刘易斯·福芒德．城市发展史［M］．北京：中国建筑工业出版社，2005.

［38］陆铭，陈钊，杨真真．平等与增长携手并进——收益递增、策略性行为和分工的效率损失［J］．经济学季刊，2007（1）：88－113.

［39］陆铭，陈钊．中国区域经济发展中的市场整合与工业集聚［M］．上海：上海人民出版社，2006.

［40］陆铭．大城大国［M］．上海：上海人民出版社，2016.

［41］罗杭，张毅，孟庆国．基于多智能体的城市群政策协调建模与仿真［J］．中国管理科学，2015（1）：89－98．

［42］欧海若，鲍海君．韩国四次国土规划的变迁、评价及其启示［J］．中国土地科学，2002（4）：39－43．

［43］彭小辉，王静怡．高铁建设与绿色全要素生产率——基于要素配置扭曲视角［J］．中国人口·资源与环境，2019（11）：11－19．

［44］皮建材．中国地方政府间竞争下的区域市场整合［J］．经济研究，2008（3）：115－124．

［45］邵宜航，刘雅南．从经济学再到政治经济学：理解包容性增长［J］．经济学家，2011（10）：5－13．

［46］沈体雁，冯等田，孙铁山．空间计量经济学［M］．北京：北京大学出版社，2010．

［47］施建军，梁琦．长三角区域合作要打破“富人俱乐部”的思维［J］．南京社会科学，2007（9）：1－9．

［48］宋冬林，姚常成．高铁运营与经济协调会合作机制是否打破了城市群市场分割？——来自长三角城市群的经验证据［J］．经济理论与经济管理，2019（2）：4－14．

［49］宋冬林，姚常成．经济区发展规划的实施促进了城市群的包容性增长吗？——来自我国六大国家级城市群的经验证据［J］．求是学刊，2018（2）：27－38．

［50］苏红键，魏后凯，邓明．城市集聚经济的多维性及其实证检验［J］．财贸经济，2014（5）：115－126．

［51］苏红键，魏后凯．密度效应、最优城市人口密度与集约型城镇化［J］．中国工业经济，2013（10）：5－17．

［52］苏红键，赵坚．经济圈制造业增长的空间结构效应——基于长三角经济圈的数据［J］．中国工业经济，2011（8）：36－46．

［53］苏红键．中国城市专业化特征及其解释［J］．中国经济问题，2017（3）：38－49．

［54］孙斌栋，陈玉．雄安新区战略是破解“环京津贫困带”的抓

手［J］．区域经济评论，2017（5）：67－71.

［55］孙斌栋，丁嵩．多中心空间结构经济绩效的研究进展及启示［J］．地理科学，2017（1）：64－71.

［56］孙斌栋，李琬．城市规模分布的经济绩效——基于中国市域数据的实证研究［J］．地理科学，2016（3）：328－334.

［57］覃成林，周姣．城市群协调发展：内涵、概念模型与实现路径［J］．城市发展研究，2010（12）：7－12.

［58］王海英，梁波．中国城镇化：历史道路、制度根源与国际经验［J］．科学发展，2014（4）：57－64.

［59］王会宗．交通运输与区域经济增长差异——以中国铁路为例的实证分析［J］．山西财经大学学报，2011（2）：66－73.

［60］王丽，邓羽，牛文元．城市群的界定与识别研究［J］．地理学报，2013（8）：1059－1070.

［61］王猛，高波，樊学瑞．城市功能专业化的测量和增长效应：以长三角城市群为例［J］．产业经济研究，2015（6）：42－51.

［62］王小鲁．中国城市化路径与城市规模的经济学分析［J］．经济研究，2010（10）：20－32.

［63］王雨飞，倪鹏飞．高速铁路影响下的经济增长溢出与区域空间优化［J］．中国工业经济，2016（2）：21－36.

［64］吴福象，刘志彪．城市化群落驱动经济增长的机制研究——来自长三角16个城市的经验证据［J］．经济研究，2008（11）：126－136.

［65］行伟波，李善同．本地偏好、边界效应与市场一体化——基于中国地区间增值税流动数据的实证研究［J］．经济学（季刊），2009（4）：1455－1474.

［66］徐现祥，中国城市经济增长的趋同分析［J］．经济研究，2004（5）：40－48.

［67］徐现祥，李郇．市场一体化与区域协调发展［J］．经济研究，2005（12）：57－67.

［68］严重敏．区域开发中城镇体系的理论与实践［J］．地理学与

国土研究，1985（2）：7－11.

［69］杨振山，蔡建明．国外多中心规划理念与发展经验对中国的借鉴作用［J］．国际城市规划，2008（4）：71－77.

［70］姚常成，宋冬林．借用规模、网络外部性与城市群集聚经济［J］．产业经济研究，2019（2）：76－87.

［71］姚士谋，陈振光，朱英明等．中国城市群［M］．合肥：中国科学技术大学出版社，2006.

［72］易鹏：如何打造新时代中国城市群［OL］．http：//finance.sina.com.cn/roll/2017－12－03/doc－ifyphkhk9926447.shtml.

［73］殷江滨，黄晓燕，洪国志，曹小曙，高兴川．交通通达性对中国城市增长趋同影响的空间计量分析［J］．地理学报，2016（10）：1767－1783.

［74］银温泉，才婉茹．我国地方市场分割的成因和治理［J］．经济研究，2001（6）：3－12.

［75］于洪俊，宁越敏．城市地理概论［M］．合肥：安徽科学技术出版社，1983.

［76］张光南，张海辉，杨全发．中国“交通扶贫”与地区经济差距——来自1989—2008年省级面板数据的研究［J］．财经研究，2011，37（8）：26－35.

［77］张军，吴桂英，张吉鹏．中国省际无知资本存量估算：1952－2000［J］．经济研究，2004（10）：35－44.

［78］张克中，陶东杰．交通基础设施的经济分布效应——来自高铁开通的证据［J］．经济学动态，2016（6）：62－73.

［79］张若雪．从产品分工走向功能分工：经济圈分工形式演变与长期增长［J］．南方经济，2009（9）：37－48.

［80］张学良，李培鑫，李丽霞．政府合作、市场整合与城市群经济绩效——基于长三角城市经济协调会的实证检验［J］．2017（4）：1563－1582.

［81］张学良．中国交通基础设施促进了区域经济增长吗？——兼论

交通基础设施的空间溢出效应［J］．中国社会科学，2012（3）：60－77.

［82］张学良．中国区域经济转变与城市群经济发展［J］．学术月刊，2013（7）：107－112.

［83］张勋，万广华．中国的农村基础设施促进了包容性增长吗？［J］．经济研究，2016（10）：82－96.

［84］赵渺希，钟烨，徐高峰．中国三大城市群多中心网络的时空演化［J］．经济地理，2015（3）：52－59.

［85］赵勇，白永秀．中国城市群功能分工测度与分析［J］．中国工业经济，2012（11）：18－30.

［86］赵勇，魏后凯．政府干预、城市群空间功能分工与地区差距——兼论中国区域政策的有效性［J］．管理世界，2015（8）：14－30.

［87］周一星，张莉．改革开放条件下的中国城市经济区［J］．地理学报，2003（2）：271－284.

## 二、英文部分

［88］Adhvaryu B. The Ahmedabad Urban Development Plan-making Process：A Critical Review［J］Planning Practice & Research，2011，26（2）：229－250.

［89］Ahlfeldt，G M，and A Fedderson.，From Perihery to Core：Measuring Agglomeration Effects Using High-Speed Rail［R］．Serc Discussion Papers，2015.

［90］Ali，K，Olfert，R and Partridge，M D. Urban Footprints in Rural Canada：Employment Spillovers by City Size［J］．Regional Studies，2011，45（2）：239－260.

［91］Alonso W. Urban Zero Population Growth［J］．Daedalus，1973，109（4）：191－206.

［92］Andrés Monzón，Emilio Ortega，Elena López. Efficiency and Spatial Equity Impacts of High-speed Rail Extensions in Urban Areas［J］．Cities，2013，30：18－30.

［93］Arellano M，Bover O. Another Look at the Instrumental Variable

Estimation of Error-Components Models [J]. CEP Discussion Papers, 1990, 68 (1): 29 - 51.

[94] Aschauer D A. Is Public Expenditure Productive?[J]. Journal of Monetary Economics, 1989, 23 (2): 177 - 200.

[95] Bade F J, Laaser C F, Soltwedel R. Urban Specialization in the Internet Age: Empirical Findings for Germany [R]. 2004.

[96] Bailey N, Turok I. Central Scotland as a Polycentric Urban Region: Useful Planning Concept or Chimera?[J]. Urban Studies, 2010, 38 (4): 697 - 715.

[97] Barro R J. Government Spending in a Simple Model of Endogenous Growth [J]. Journal of Political Economy, 1990, 98: 103 - 125.

[98] Bhargav Adhvaryu. The Ahmedabad Urban Development Plan-making Process: A Critical Review [J]. Planning Practice & Research, 2011, 26 (2): 229 - 250.

[99] Blundell R, Bond S. Initial Conditions and Moment Restrictions in Dynamic Panel Data Models [J]. 1998, 87 (1): 115 - 143.

[100] Brezzi M, Veneri P. Assessing Polycentric Urban Systems in the OECD: Country, Regional and Metropolitan Perspectives [J]. European Planning Studies, 2015, 23 (6): 1128 - 1145.

[101] Bullock, R, A Salzberg, Y Jin. High-speed Rail-the First Three Years: Taking the Pulse of China's Emerging Program [R]. China Transport Topics, 2012 (4), World Bank.

[102] Burger M J, van der Knaap B and Wall R S. Polycentricity and the Multiplicity of Urban Networks [J]. European Planning Studies, 2014, 22 (4): 816 - 840.

[103] Burger M, Meijers E, Form Follows Function? Linking Morphological and Functional Polycentricity [J]. Urban Studies, 2012, 49 (5): 1127 - 1149.

[104] Camagni R, Capello R, Caragliu A. The Rise of Second-rank

Cities: What Role for Agglomeration Economies? [J]. European Planning Studies, 2015, 23: 1069 - 1089.

[105] Camagni R, Roberta C, Andrea C. Static vs. Dynamic Agglomeration Economies: Spatial Context and Structural Evolution Behind Urban Growth [J]. Papers in Regional Science, 2016, 95 (1): 133 - 159.

[106] Cervero, R. Efficient Urbanisation: Economic Performance and the Shape of the Metropolis [J]. Urban Studies, 2001, 38 (10): 1651 - 1671.

[107] Chen A, Partridge M D. When are Cities Engines of Growth in China? Spread and Backwash Effects Across the Urban Hierarchy [J]. Regional Studies, 2013, 47 (8): 1313 - 1331.

[108] Chen C L. Reshaping Chinese Space-economy Through High-speed Trains: Opportunities and Challenges [J]. Journal of Transport Geography, 2012, 22: 312 - 316.

[109] Cheng, Y S, B P Loo, and R Vickerman. High-Speed Rail Networks, Economic Integration and Regional Specialisation in China and Europe [J], Journal of Environmental Sciences, 2015, 2 (1): 171 - 176.

[110] Combes P P, Duranton G, Gobillon L, et al. Estimating Agglomeration Effects with History, Geology, and Worker Fixed-effects [M]. in E L Glaeser (ed.), Agglomeration economics. Chicago, IL: University of Chicago press, 2010.

[111] Combes, Mayer and Thisse. Economic Geography: The Integration of Regions and Nations [M]. Princeton University Press, 2008.

[112] Dijkstra L, Garcilazo E, Mccann P. The Economic Performance of European Cities and City Regions: Myths and Realities [J]. European Planning Studies, 2013, 21: 334 - 354.

[113] Donaldson, D, and R. Hornbeck. Railroads and American Economic Growth: A 'Market Access' Approach [J]. Quarterly Journal of Economics, 2016, 131 (2): 799 - 858.

[114] Duranton G, Overman H G. Testing for Localization Using Micro-Geographic Data [J]. Review of Economic Studies, 2005, 72 (4): 1077 - 1106.

[115] Duranton G, Puga D. From Sectoral to Functional Urban Specialisation [J]. Journal of Urban Economics, 2005, 57 (2): 343 - 370.

[116] Eben F. Relationship Between Growth and Prosperity in the 100 Largest U. S. Metropolitan Areas [J]. Economic Development Quarterly, 2012, 26 (3): 220 - 230.

[117] Elhorst J P. Matlab Software for Spatial Panels [J]. International Regional Science Review, 2014, 37 (7): 389 - 405.

[118] Evert Meijers, Krister Sandberg. Reducing Regional Disparities by Means of Polycentric Development: Panacea or Placebo?[J]. Scienze Regionali, 2008, 7 (2): 71 - 97.

[119] Evert Meijers, Martijn J Burger. Spatial Structure and Productivity in US Metropolitan Areas [J]. Environment and Planning A, 2010, 42: 1383 - 1402.

[120] Fan, C. Simon and Xiangdong Wei. The Law of One Price: Evidence from the Transitional Economy of China [J]. Review of Economics and Statistics, 2006, 88 (4): 682 - 697.

[121] Fingleton B. Regional Economic Growth and Convergence: Insights from a Spatial Econometric Perspective. In: Anselin L., Florax R. J. G. M., Rey S. J. (eds) Advances in Spatial Econometrics. Advances in Spatial Science. Springer, Berlin, Heidelberg, 2004: 397 - 432.

[122] Finka M., Kluvankova T. Managing Complexity of Urban Systems: A Polycentric Approach [J]. Land Use Policy, 2015, 42: 602 - 608.

[123] Fredrik Heyman, Fredrik Sjöholm, Patrik G. Tingvall. Is There Really a Foreign Ownership Wage Premium? Evidence from Matched Employer—employee Data [J]. Journal of International Economics, 2007, 73: 355 - 376.

[124] Fujita M. Regional Growth in Postwar Japan [J]. Regional Science and Urban Economics, 1997, 27: 643 -670.

[125] Fujita M, J F Thisse, and Y Zenou. On the Endogeneous Formation of Secondary Employment Centers in a City [J]. Journal of Urban Economics, 1997, 41: 337 -357.

[126] Geddes P. Cities in evolution: An Introduction to the Town-planning Movement and the Study of Cities [M]. London, UK: Williams and Norgate, 1915.

[127] Glaeser, E. L., Resseger, M G, & Tobio, K. Urban Inequality [J]. Ssrn Electronic Journal, 2008, 91: 33 -51.

[128] Gottmann J. Megalopolis or the Urbanization of the Northeastern Seaboard [J]. Economic Geography, 1957, 33: 189 -200.

[129] Graham Haughton, Dave Counsell. Regions and Sustainable Development: Regional Planning Matters [J]. Geographical Journal, 2004, 170 (2): 135 -145.

[130] Hall P, Pain K. The Polycentric Metropolis: Learning from Mega-city Regions in Europe [M]. Earthscan, London, 2006.

[131] Heckman, J. The Common Structure of Statistical Models of Truncation, Sample Selection and Limited Dependent Variables [J]. Annals of Economic and Social Measurement, 1976 (5): 475 -492.

[132] Hoover E. M, Edgar M. Location Theory and the Shoe and Leather Industries [M]. Harvard University Press, Cambridge, MA. 1936.

[133] Howard E. Jin Jingyuan Trans. Garden Cities of Tomorrow [M]. Beijing: The Commercial Press, 2000.

[134] Hyojin Kim A, Selima Sultana, Joe Weber. A Geographic Assessment of the Economic Development Impact of Korean High-speed Rail Stations [J]. Transport Policy, 2018, 66: 127 -137.

[135] Hyojin Kim A, Selima Sultana. The Impacts of High-speed Rail Extensions on Accessibility and Spatial Equity Changes in South Korea from

2004 to 2018 [J]. Journal of Transport Geography, 2015, 45: 48 - 61.

[136] Jacobs J. The Death and Life of Great American Cities [M]. Random house, New York, 1961.

[137] Jangik Jin, Peter Rafferty. Does Congestion Negatively Affect Income Growth and Employment Growth? Empirical Evidence from US Metropolitan Regions [J]. Transport Policy, 2017, 55: 1 - 8.

[138] Jianzhou Gong, Wenli Chen, Yansui Liu, Jieyong Wang. The Intensity Change of Urban Development Land: Implications for the City Master Plan of Guangzhou, China [J]. Land Use Policy, 2014, 40: 91 - 100.

[139] Jing Shi, Nian Zhou. How Cities Influenced by High Speed Rail Development: A Case Study in China [J]. Journal of Transportation Technologies, 2013 (3): 7 - 16.

[140] Joon-Kyo Seo. Balanced National Development Strategies: The Construction of Innovation Cities in Korea [J]. Land Use Policy, 2009, 26: 649 - 661.

[141] Kim C. H. Transportation Revolution: The Korean High-speed Railway [J]. Jpn. Railway Transp. Rev. 2005, 40: 8 - 13.

[142] Kim Y. W. Spatial Changes and Regional Development. In: Lee, G. Y., Kim, H. S. (Eds.), Cities and Nation, Planning Issues and Policies of Korea [M]. Korea Research Institute for Human Settlements. Nanam Publishing House, Korea, 1996: 53 - 78 (in Korean with English abstract).

[143] Kiril Stanilov. Planning the Growth of a Metropolis: Factors Influencing Development Patterns in West London, 1875 - 2005 [J]. Journal of Planning History, 2012, 12 (1): 28 - 48.

[144] Kropotokin P. Fields, Factories and Workshops [M]. London: T. Nelson, 1912.

[145] Lee L., Yu J. Estimation of Spatial Autoregressive Panel Data Models with Fixed Effects [J]. Journal of Econometrics, 2010, 154 (2):

165 - 185.

[146] LeSage J. P. , Pace R. K. Introduction to Spatial Econometrics [M]. Boca Raton: CRC Press, 2009.

[147] Li Y, Phelps NA. Knowledge Polycentricity and the Evolving Yangtze River Delta Megalopolis [J]. Regional Studies, 2017, 51: 1035 -47.

[148] Lichen Liu, Xiaofeng Dong and Shouqian Chi. Quantitative Delimitation of Metropolitan Areas Based on a Synthetic Method: Case Study in the Lanzhou Metropolitan Area [J]. J. Urban Plann. Dev. , 2010, 136 (4): 357 -364.

[149] Liu X. , Derudder B. , Wu K. Measuring Polycentric Urban Development in China: An Intercity Transportation Network Perspective [J]. Regional Studies, 2015 (8): 1302 - 1315.

[150] Maddi Garmendia, Vicente Romero, José Maria de Ureña, José María Coronado, Roger Vickerman. High-Speed Rail Opportunities around Metropolitan Regions: Madrid and London [J]. Infrastruct. Syst, 2012, 18 (4): 305 - 313.

[151] Mark P, Dan R, Kamar A, et al. Do new Economic Geography Agglomeration Shadows Underlie Current Population Dynamics Across the Urban Hierarchy?[J]. Papers in Regional Science, 2009, 88 (2): 445 -466.

[152] Marshall A. Principles of economics [M]. London: Macmillan, 1890.

[153] Martijn Burger and Evert Meijers. Form Follows Function? Linking Morphological and Functional Polycentricity [J]. Urban Studies, 2012, 49 (5): 1127 - 1149.

[154] Mcgee T G. The Emergence of Desakota Regions in Asia: Expanding Hypothesis [M]. Honolulu: University of Hawaii Press, 1991.

[155] Meijers E, Burger M, Hoogerbrugge M. Borrowing Size in Networks of Cities: City Size, Network Connectivity and Metropolitan Functions in Europe [J]. Papers in Regional Science, 2016, 95 (1): 181 - 198.

[156] Meijers E, Burger M. Stretching the Concept of ' Borrowed Size' [J]. Urban Studies, 2017, 54 (1): 269 -291.

[157] Meng Wang, Aleksandra Krstikj, Hisako Koura. Effects of Urban Planning on Urban Expansion Control in Yinchuan City, Western China [J]. Habitat International, 2017, 64: 85 -97.

[158] Michael Wallace, Gordon Gauchat and Andrew S. Fullerton. Globalization and Earnings Inequality in Metropolitan Areas: Evidence from the USA [J]. Cambridge Journal of Region and Society, 2012, 5: 377 -396.

[159] Mun J., Kim D. Construction of High-speed Rail in Korea. The KDI School of Public Policy and Management. Report, 2012.

[160] Naughton, Barry. How Much Can Regional Integration Do to Unify China's Markets?[C]. Paper Presented for the Conference for Research on Economic Development and Policy Research, Stanford University, 1999.

[161] Niclas Lavesson. How does Distance to Urban Centres Influence Necessity and Opportunity Based Firm Start-ups?[J]. Papers in Regional Science, 2017.

[162] Ortega, A. A., Acielo, J. M. A. E., and Hermida, M. C. H. Mega-regions in the Philippiness: Accounting for Special Economic Zones and Global-local Dynamics [J]. Cities, 2015, 48: 130 -139.

[163] Phelps N A, Fallon R J, and Williams C L. Small Firms, Borrowed Size and the Urban-rural Shift [J]. Regional Studies, 2001, 35 (7): 613 -624.

[164] Phelps N A. Clusters, Dispersion and the Spaces in between: For an Economic Geography of the Banal [J]. Urban Studies, 2004, 41 (5 - 6): 971 -989.

[165] Poncet, Sandra. A Fragmented China: Measure and Determinants of Chinese Domestic Market Disintegration [J]. Review of International Economics, 2005, 13 (3): 409 -430.

[166] PUGA D. The Magnitude and Causes of Agglomeration Economies

[J]. Journal of Regional Science, 2010, 50: 203-219.

[167] Quan Hou, Si-Ming Li. Transport Infrastructure Development and Changing Spatial Accessibility in the Greater Pearl River Delta, China, 1990-2020 [J]. Journal of Transport Geography, 2011, 19: 1350-1360.

[168] Rosenbaum, P. R., B. R. Donald. The Central Role of the Propensity Score in Observational Studies for Causal Effects [J]. Biometrika, 1983, 70 (1): 41-55.

[169] Shi Jing, Zhou Nian. How Cities Influenced by High Speed Rail Development: A Case Study in China [J]. Journal of transportation technologies, 2013 (3): 7-16.

[170] Sugie Lee, Chang Gyu Choi, Wansoo Im. Metropolitan Growth and Community Disparities: Insights from the State of New Jersey in the US [J]. Cities, 2013, 30: 149-160.

[171] Vega S. H. and J. P. Elhorst. The SLX Model [J]. Journal of Regional Science, 2015, 55 (3): 339-363.

[172] Venables A. Productivity in Cities: Self-selection and Sorting [J]. Journal of Economic Geography, 2011, 11 (2): 1-11.

[173] Veneri P, Burgalassi D. Questioning Polycentric Development and Its Effects. Issues of Definition and Measurement for the Italian NUST-2 regions [J]. European Planning Studies, 2012, 20 (6): 1017-1037.

[174] Wapwera D S. Spatial Planning Framework for Urban Development and Management in Jos Metropolis, Nigeria [J]. University of Salford, 2013.

[175] Xiao Ke, Haiqiang Chen, Yongmiao Hong, Cheng Hsiao. Do China's High-speed-rail Projects Promote Local Economy? —New Evidence from a Panel Data Approach [J]. China Economic Review, 2017, 44: 203-226.

[176] Yatang Lin. Travel Costs and Urban Specialization Patterns: Evidence from China's High Speed Railway System [J]. Journal of Urban Economics, 2017, 98: 98-123.

[177] Yingcheng Li, Nicholas Phelps. Knowledge Polycentricity and

the Evolving Yangtze River Delta Megalopolis [J]. Regional Studies, 2017, 51 (7): 1035 - 1047.

[178] Yingcheng Li, Nicholas Phelps. Megalopolis Unbound: Knowledge Collaboration and Functional Polycentricity Within and Beyond the Yangtze River Delta Region in China [J]. Urban Studies, 2016 (6): 1 - 17.

[179] Young A A . Increasing Returns and Economic Progress [J]. Economic Journal, 1928, 38 (152): 527 - 542.

[180] Young, Alwyn. The Razor's Edge: Distortions and Incremental Reform in the People's Republic of China [J]. Quarterly Journal of Economics, 2000, 115 (4): 1091 - 1135.

[181] Yu Qin. No County Left Behind? —The Distributional Impact of High-Speed Rail Upgrade in China [J]. Journal of Economic Geography, 2016 (6): 1 - 32.

[182] Yuk-shing Cheng, Becky P. Y. Loo, Roger Vickerman. High-Speed Rail Networks, Economic Integration and Regional Specialization in China and Europe [J]. Travel Behavior and Society, 2015 (2): 1 - 14.

[183] Zhu, Q. Master Plan, Plan Adjustment and Urban Development Reality Under China's Market Transition: A Case Study of Nanjing [J]. Cities, 2013, 30: 77 - 88.

# 后　记

党的十九大报告指出："中国特色社会主义进入新时代，我国社会主要矛盾已经转化为人民日益增长的美好生活需要和不平衡不充分的发展之间的矛盾。"解决区域发展不平衡不充分的关键之一就在于坚定不移地实施区域协调发展战略，而实施区域协调发展战略，除了要"强化举措推进西部大开发形成新格局，深化改革加快东北等老工业基地振兴，发挥优势推动中部地区崛起，创新引领率先实现东部地区优化发展，建立更加有效的区域协调发展新机制"——注重地区之间的平衡发展与充分发展；还需要"以城市群为主体构建大中小城市和小城镇协调发展的城镇格局"——推动城市群内部各城市之间的协调发展。城市群不仅在中部崛起、西部大开发、东部率先发展、东北老工业基地振兴中扮演着经济增长极的重要支撑作用，在构建大中小城市和小城镇协调发展的城镇格局中也被作为推进主体。一方面，城市群要积极打破域内"以邻为壑"的现象，发挥经济增长极的"提效"作用外；另一方面，需要注重城市群内部各城市之间的平衡增长，最终实现城市群的协调发展。得益于多项国家政策的影响，中国城市群的建设取得了突出成效。但受限于数据样本和时间精力等因素，本书仅梳理了改革开放以来政府出台的城市群规划政策，同时结合高铁网络建设、经济协调会合作制度等对城市群市场一体化建设及其协调发展的影响进行了分析。其他相关政策，如全国主体功能区规划等对城市群市场一体化及其协调发展的影响研究则多有遗漏。此外，目前关于城市群空间结构，尤其是城市群功能多中心空间结构的相关研究还较为欠缺，而功能多中心在本书中仅体现了知识信息流方面，有关交通流和商业流等重要维度也未曾涉及。

本书能够最终得以完成，除了要感谢宋冬林老师的细心指导和帮助，感谢范欣老师提供的诸多宝贵修改意见，以及西南财经大学经济学院各位领导和老师的大力支持之外，还要感谢经济科学出版社编辑老师们的辛苦工作。笔者认识到本书还存在一些不足，所以也欢迎各位专家学者在拨冗审阅之后与笔者积极讨论交流，敦促笔者不断进步。与此同时，希望本书能在指导新时代中国城市群一体化建设以及协调发展等方面引起大家的一些思考，真正帮助中国城市群经济实现高质量发展。

**姚常成**

2020 年 9 月 17 日

**图书在版编目（CIP）数据**

新时代中国城市群市场一体化建设及其协调发展研究/姚常成著．—北京：经济科学出版社，2020.9
（马克思主义政治经济学青年论丛）
ISBN 978－7－5141－7743－5

Ⅰ.①新… Ⅱ.①姚… Ⅲ.①城市群－区域经济发展－经济一体化－研究－中国 Ⅳ.①F299.22

中国版本图书馆 CIP 数据核字（2020）第 191210 号

责任编辑：宋艳波 杨 梅
责任校对：蒋子明
责任印制：李 鹏 范 艳

**新时代中国城市群市场一体化建设及其协调发展研究**
姚常成 著
经济科学出版社出版、发行 新华书店经销
社址：北京市海淀区阜成路甲 28 号 邮编：100142
总编部电话：010－88191217 发行部电话：010－88191540
网址：www.esp.com.cn
电子邮箱：esp@esp.com.cn
天猫网店：经济科学出版社旗舰店
网址：http://jjkxcbs.tmall.com
北京季蜂印刷有限公司印装
710×1000 16 开 10 印张 180000 字
2021 年 9 月第 1 版 2021 年 9 月第 1 次印刷
ISBN 978－7－5141－7743－5 定价：66.00 元
**（图书出现印装问题，本社负责调换。电话：010－88191510）**